Josef Pieper
Thomas von Aquin

topos taschenbücher, Band 869
Eine Produktion des Verlags Butzon & Bercker

Josef Pieper

Thomas von Aquin

Leben und Werk

Herausgegeben von Berthold Wald

topos taschenbücher

Verlagsgemeinschaft topos plus
Butzon & Bercker, Kevelaer
Don Bosco, München
Echter, Würzburg
Lahn-Verlag, Kevelaer
Matthias Grünewald Verlag, Ostfildern
Paulusverlag, Freiburg (Schweiz)
Verlag Friedrich Pustet, Regensburg
Tyrolia, Innsbruck

Eine Initiative der Verlagsgruppe engagement

Bibliografische Information der Deutschen Nationalbibliothek
Die Deutsche Nationalbibliothek verzeichnet diese Publikation in der Deutschen Nationalbibliografie; detaillierte bibliografische Daten sind im Internet über http://dnb.d-nb.de abrufbar.

2014 Verlagsgemeinschaft **topos** plus, Kevelaer
Genehmigte Lizenzausgabe für Verlag Butzon & Bercker, Kevelaer

Einband- und Reihengestaltung | Finken & Bumiller, Stuttgart
Umschlagbild | © akg-images
Satz | SATZstudio Josef Pieper, Bedburg-Hau
Herstellung | Friedrich Pustet, Regensburg
Printed in Germany

ISBN: 978-3-8367-0869-2
www.topospplus.de

Inhalt

Vorbemerkung

Dies Buch ist der mündlichen Rede näher als der geschriebenen. Es ist die nur unwesentlich abgeänderte Niederschrift von Universitätsvorlesungen vor Studenten aus allen Fakultäten. Seine Absicht und sein Anspruch zielen auf nicht mehr als auf Hinführung und Einführung. Es ist also weder auf eine ins einzelne gehende Biographie abgesehen noch auf eine systematisch vollständige Interpretation von Lehrstücken. Es handelt sich auch nicht um einen originalen Beitrag zur historischen Erforschung der mittelalterlichen Philosophie; jeder Kundige wird leicht sehen, wie sehr die Darstellung, weit über die ausdrückliche Zitierung hinaus, den Arbeiten von Marie-Dominique Chenu, Etienne Gilson, Fernand van Steenberghen und anderer verpflichtet ist.

Doch darf hier der Hinweis auf zwei bedeutende Bücher, beide Jahrzehnte nach diesen Vorlesungen veröffentlicht, nicht fehlen: erstens auf das die inzwischen erschienene, kaum noch überschaubare Literatur einbeziehende Werk von James A. Weisheipl, *Friar Thomas d'Aquino. His life, thought and work*, New York 1974; zweitens auf das primär die thomasische Theologie darstellende Buch von Otto Hermann Pesch, *Thomas von Aquin. Größe und Grenze mittelalterlicher Theologie*, Mainz 1988.

Das eigentliche Thema dieser Vorlesungen ist der Versuch, in den Grund des zeitgeschichtlich und biographisch Tatsächlichen den Kontur jenes Thomas von Aquin einzuzeichnen, der, außerhalb des bloß Historischen, den heute Philosophierenden allein in Wahrheit angeht. Und ich habe die Hoffnung, dies ausschließlich Gemeinte, die denkerische Gebärde nämlich, die Thomas als den „allgemeinen Lehrer" der Christenheit auszeichnet, möchte sich, wenngleich nur in der Umrißlinie, genau abheben und deutlich unterscheidbar sein. Dies ist es auch, wofür allerdings ich selber durchaus die Verantwortung trage.

I

Das Leben des heiligen Thomas von Aquin erstreckt sich so durch das dreizehnte Jahrhundert, daß das Jahr der Jahrhundertmitte, 1250, zugleich auch das Jahr der Lebensmitte für Thomas ist, obwohl er damals erst fünfundzwanzig Jahre alt ist und als Student im Kölner Heiligkreuzkloster zu Füßen des Albertus Magnus sitzt.

Man hat das dreizehnte Jahrhundert das auf besondere Weise „abendländische" Jahrhundert genannt. Die Bedeutung, die man mit dieser Benennung verknüpft, ist nicht immer völlig klar. In einem bestimmten Sinn würde ich die Kennzeichnung gleichfalls akzeptieren; ich würde sogar die Behauptung wagen, das spezifisch Abendländische sei eben in diesem Jahrhundert zur endgültigen Konstituierung gebracht worden, und zwar durch Thomas von Aquin selbst. Es kommt freilich darauf an, was man unter dem „Abendländischen" versteht. Hiervon wird noch zu reden sein.

Es gibt die romantische Vorstellung, das dreizehnte Jahrhundert sei eine Epoche der harmonischen Ausgewogenheit, der stabilen Ordnung und der unbehelligten Blüte der Christenheit gewesen. Gerade im geistigen Bereich trifft dies nicht zu. Der Löwener Historiker Fernand van Steenberghen spricht von einem Jahrhundert der „Krise der christlichen Intelligenz"[1]; und bei Gilson heißt es: „Jedermann konnte sehen, daß eine ‚Krise' sich zusammenbraute."[2] – Wie sieht das, konkret, aus? Zunächst ist zu sagen: Die Christenheit, seit Jahrhunderten schon belagert durch den Islam, bedroht durch die asiatischen Reiterhorden (1241 ist das Jahr der Mongolenschlacht bei Liegnitz!) – diese Christenheit des dreizehnten Jahrhunderts findet sich sehr drastisch darauf hingewiesen, daß sie nur eine kleine Schar ist inmitten einer riesigen, nicht-christlichen Welt. Sie erfährt höchst nachdrücklich ihre eigenen Grenzen, und nicht nur die räumlichen. Mitten in Asien, in Karakorum, findet – um 1253/54 – am Hofe des Großkhans eine Disputation zweier französischer Bettelmönche mit Mohammedanern und Buddhisten statt. Ob man hier von „Weltmission aus Enttäuschung an der alten Christenheit“[3] reden darf, ist zwar mehr als fraglich. Aber jedenfalls sieht sich diese alte Christenheit, nicht nur von jenseits ihrer räumlichen Grenzen, aufs äußerste herausgefordert. Schon seit langem hat die arabische Welt, die ja in das alte Europa eingedrungen ist, nicht allein durch ihre militärische und politische Macht imponiert, sondern auch durch ihre Philosophie und Wissenschaft, die sich, durch Übersetzungen aus dem Arabischen ins Lateinische, im Herzen der Christenheit, zum Beispiel an der Universität Paris, unübersehbar „etabliert“ hat. Freilich ist diese Philosophie und Wissenschaft, genau genommen, nicht islamischen Ursprungs und Charakters; es ist die antike *ratio*, es ist Aristoteles, der auf solch seltsam verschlungenen Wegen in die geistige Welt des christlichen Europa eindringt; aber es ist, zunächst jedenfalls, etwas Fremdes, Neues, Gefährliches, „Heidnisches“. – Zugleich wird diese Christenheit des dreizehnten Jahrhunderts politisch, innenpolitisch sozusagen, von Grund auf erschüttert; sie tritt endgültig in das Zeitalter ein, „in dem sie aufhören wird, eine theokratische Einheit zu sein“[4]; 1214 siegt zum ersten Male ein nationaler König (als solcher!) über den Kaiser (als solchen!), in der Schlacht bei Bouvines. In der gleichen Zeit entbrennen die ersten, auf beiden Seiten mit unvorstellbarer Grausamkeit geführten Glaubenskriege in der Christenheit selbst; ganz Südfrankreich und ganz Oberitalien scheinen, durch Jahrzehnte hin, dem Corpus der Christenheit endgültig verloren zu sein. Das alte Mönchtum, das als geistige Gegenkraft aufgerufen wird, scheint – als Institution, das heißt, aufs Ganze gesehen – kraftlos geworden zu sein, trotz aller heroischen Versuche, es zu reformieren (Cluny, Cîteaux usw.). Und was die Bischöfe betrifft (natürlich ist auch dies eine höchst summarische und ungenaue Redeweise), so konnte immerhin ein durchaus respektabler Löwener Dominikaner-Prior, übrigens vielleicht ein Mitschüler des heiligen Thomas aus der Kölner Studienzeit bei Albertus Magnus, folgendes schreiben: Im Jahre 1248 sei es in

Paris geschehen, daß ein Kleriker vor einer Synode von Bischöfen habe predigen sollen; und während er nach einem passenden Stoff gesucht habe, sei ihm der Teufel erschienen: „Sage ihnen einzig dies: Die Fürsten der höllischen Finsternis entbieten den Fürsten der Kirche ihren Gruß. Wir sprechen ihnen freudig unseren Dank aus dafür, daß sie uns ihre Schutzbefohlenen zuführen und daß durch ihre Nachlässigkeit fast die ganze Welt der Finsternis anheimfällt."[5]

Natürlich aber ist es nicht so, als sei der Christenheit einzig etwas *widerfahren*. Die Christenheit des dreizehnten Jahrhunderts hat durchaus auch geantwortet, auf eine höchst aktive Weise. In diesem Jahrhundert werden nicht nur die Kathedralen gebaut. Es werden auch die ersten Universitäten gegründet, welche unter anderem die Einbewältigung der antiken Weltweisheit in Angriff nehmen und großenteils auch tatsächlich leisten. Eine andere schöpferische Antwort der Christenheit verbirgt sich unter dem Stichwort „Bettelorden". Diese neuen Gemeinschaften verbünden sich dann, höchst unerwartet, mit der Institution der Universität. Die bedeutendsten Universitätslehrer des Jahrhunderts, in Paris nicht anders als in Oxford, sind ausnahmslos Bettelmönche. Nichts scheint „fertig" zu sein, alles ist in Fluß gekommen. Albertus Magnus hat dies kühne Zukunftsgefühl formuliert: *„Scientiae demonstrativae non omnes factae sunt, sed plures restant adhuc inveniendae"*; das meiste im Bereich des Wissens ist erst noch zu finden![6] Die Bettelorden sind es auch, von denen der Impuls ausgeht, aktiv in die Welt jenseits der Grenzen auszugreifen. Während Thomas an die Adresse der *mahumetistae et pagani*[7] seine *Summe wider die Heiden* schreibt, gründen die Dominikaner in diesen gleichen Jahren, kurz nach der Jahrhundertmitte, die ersten christlichen Schulen der arabischen Sprache. Ich sagte schon, daß es Bettelmönche sind, die in Karakorum mit Mohammedanern und Buddhisten disputieren. Und es ist ein Franziskaner, der, gegen Ende des Jahrhunderts, das *Neue Testament* und die *Psalmen* ins Mongolische übersetzt und die Übersetzung dem Großkhan überreicht; es ist der gleiche Neapolitaner Johannes von Monte

Corvino, der in Peking neben dem Kaiserlichen Palast eine Kirche baut und der erste Erzbischof von Peking wird.

Schon diese bloße Aufzählung einiger Ereignisse, Tatsachen, Ingredienzien zeigt deutlich: Diese Epoche war alles andere eher als ein „harmonisches" Jahrhundert. Und es besteht wenig Anlaß, sich diese Zeit etwa „zurückzuwünschen" – wenn man einmal davon absieht, daß solche Wünsche sowieso unsinnig sind.

Dennoch darf vielleicht gesagt werden, es sei in diesem dreizehnten Jahrhundert in all dieser Vielstimmigkeit, geistesgeschichtlich betrachtet, für einen kurzen Augenblick so etwas wie Einklang und „klassische Fülle" erreicht worden für die Zeit von drei bis vier Jahrzehnten. Gilson spricht von einer Art von „Heiterkeit"[8]. Und dieser Augenblick scheint, obwohl er natürlich vergangen ist und auf keine Weise noch einmal herbeigeführt werden kann, in der Erinnerung der abendländischen Christenheit mit Recht fortzuleben als etwas Paradigmatisches und Musterhaftes, als eine Art Modell-Vorstellung, als eine Norm, die, freilich unter veränderten Bedingungen und also auf neue Weise, „eigentlich" sollte erfüllt werden, wenn es mit rechten, glücklichen Dingen zugeht. Nun, in diesen kurzen geschichtlichen Augenblick fällt das Werk des Thomas von Aquin. Vielleicht kann man sagen, sein Werk verkörpere diesen Augenblick. In solchem Sinn jedenfalls ist tatsächlich, nun fast siebenhundert Jahre hindurch, die Leistung des heiligen Thomas immer wieder in der Christenheit verstanden und gewertet worden – gewiß nicht einhellig (Luther nennt Thomas „das größte Schwatzmaul" unter den scholastischen Theologen[9]), aber die Stimme der Bejahung und Verehrung ist niemals verstummt. Und auch abgesehen von seinem geschriebenen Werk – das persönliche Schicksal und der Lebensgang verknüpfen nahezu sämtliche Elemente jenes so widerspruchsvollen Jahrhunderts zu einer Art von „existentieller" Synthese. Von alledem wird nun ausführlicher und im einzelnen zu sprechen sein.

*

Vorweg noch ein paar Anmerkungen zur Literatur. – Als die beste allererste Einführung in den Geist des heiligen Thomas erscheint mir noch immer das kleine Buch von Chesterton, *Thomas von Aquin,* das neuerdings wieder in deutscher Übersetzung erschienen ist.[10] Es handelt sich beileibe nicht um ein eigentlich wissenschaftliches Buch; eher könnte man es als journalistisch bezeichnen – weswegen ich es hier auch mit einigem Zögern nenne. Maisie Ward[11], die Mitinhaberin des englisch-amerikanischen Verlages, der das Buch herausgebracht hat, schreibt in ihrer Chesterton-Biographie, bei seinem Erscheinen habe sie selbst eine leise Beklemmung erfaßt. Gilson aber habe nach der Lektüre gesagt: „Chesterton bringt einen zur Verzweiflung. Ich habe Thomas mein Leben lang studiert und hätte nie solch ein Buch schreiben können." Offenbar muß diese Äußerung nicht notwendig als eine uneingeschränkte Zustimmung ausgelegt werden. Deswegen habe sie, so berichtet Maisie Ward weiter, Gilson noch einmal um ein Urteil über Chestertons Thomas-Buch gebeten – worauf er geschrieben habe: „Ich halte es für das unvergleichlich beste Buch, das je über den heiligen Thomas geschrieben wurde [...]. Zweifellos wird jeder zugeben, daß es ein ‚gescheites' Buch ist; aber die wenigen Leser, die zwanzig oder dreißig Jahre lang Thomas von Aquin studiert und vielleicht selbst zwei oder drei Bände über ihn veröffentlicht haben, können nicht umhin, wahrzunehmen, daß der sogenannte Witz Chestertons ihre Gelehrsamkeit beschämt hat [...]. Er hat alles gesagt, was sie mehr oder weniger unbeholfen in akademischen Formulierungen auszudrücken suchten." So Gilson. Ich halte diese Rühmung zwar für einigermaßen übertrieben; aber es braucht mich jedenfalls nicht mehr allzusehr zu genieren, hier ein „unwissenschaftliches" Buch zu empfehlen. – Und natürlich genügt Chesterton nicht, auch nicht zur Einführung. So nenne ich als eine mehr fachliche Einführung Martin Grabmann, *Thomas von Aquin. Persönlichkeit und Gedankenwelt,* seit 1912 in zahlreichen Auflagen erschienen.[12] Grabmann (gestorben 1949 in München) ist der in der ganzen Welt bekannte und anerkannte Meister der Scholastik-Forschung;

sein Buch hat das ganz besondere Gewicht, das nur dann erreicht wird, wenn ein Gelehrter, der den Stoff bis in die letzten Einzelheiten quellenmäßig kennt und großenteils selber erstmals erarbeitet und zugänglich gemacht hat, für den Nicht-Fachmann eine Zusammenfassung schreibt. Auch dies muß man eigens sagen, weil Grabmann seine Gelehrsamkeit hinter einer völlig schlichten Darstellung verbirgt. – Aus den allerletzten Jahren ist vor allem die großartige, zugleich gründliche und glänzend geschriebene *Introduction à l'étude de St. Thomas d'Aquin* von Marie-Dominique Chenu zu nennen.[13] Chenu gliedert sein Buch in zwei Teile, von denen der erste „das Werk", der zweite „die Werke" behandelt. Man darf, glaube ich, wohl sagen, daß es im Augenblick keine bessere, zugleich historische und systematische Einführung in Thomas gibt. – Als umfangreichere und anspruchsvollere, gleichfalls historisch-systematische Gesamtdarstellung der Philosophie des heiligen Thomas nenne ich zum Schluß noch Etienne Gilson, *Le Thomisme. Introduction à la Philosophie de St. Thomas*, kürzlich in einer Neubearbeitung auch in englischer Sprache erschienen unter dem Titel *The Christian Philosophy of St. Thomas Aquinas.*[14] – Die beiden zuletzt genannten Bücher von Chenu und von Gilson haben übrigens eine, zunächst äußerlich scheinende, Eigentümlichkeit gemeinsam. Die Verfasser sind beide Franzosen: Chenu ist Dominikaner; Gilson ist Laie, ursprünglich Professor am Collège de France – aber beide haben viele Jahre in der „Neuen Welt" gelehrt, in Kanada. Dies Faktum, daß beide Bücher in der sehr besonderen Atmosphäre dieses jungen Kontinents entstanden sind, scheint mir mehr zu sein als ein äußeres Datum. Ich meine bei der Lektüre immer wieder einmal etwas von dem frischen Wind Nordamerikas gespürt zu haben – womit ich etwas ziemlich Präzises meine: nämlich eine gewisse, betont unbefangene Sachlichkeit, die, durch alle bloß historische Gelehrsamkeit hindurch, darauf besteht, daß die Frage nach der Wahrheit der Sachen, nach dem eigentlich Entscheidenden also, gestellt und beantwortet werde.

*

Thomas wird geboren um 1225 auf der Burg Roccasecca bei Aquino, einer kleinen Stadt zwischen Rom und Neapel. Er ist also „Lateiner", Süditaliener? Ja und nein. Schon diese Komplizierung ist wichtig. Also einerseits „ja" – Thomas *ist* Italiener; wir wissen, daß er später in seiner Muttersprache, in der Sprache des Volkes von Neapel, gepredigt hat. Und einer seiner Brüder, Rinaldo, hat sich einen Namen gemacht als Lyriker[15], als Verfasser vor allem von Liebesgedichten in der Volkssprache, die damals – zwei Menschenalter vor Dantes *Divina Commedia* – zur Hochsprache zu werden beginnt. Auch die innere Dynamik der lateinischen *articuli* des heiligen Thomas muß wohl in der Weise, auch im Tempo des süditalienischen Sprechens gedacht werden: rasch und sehr energisch. – Dennoch ist im Gedächtnis zu behalten, daß Thomas sowohl von väterlicher wie von mütterlicher Seite germanischen Blutes ist; die mütterliche Familie ist normannisch, die väterliche ist entweder langobardisch oder gleichfalls normannisch. Und die soziale Umwelt, aus der Thomas stammt und in der er aufwuchs, ist geprägt durch die schwäbischen Hohenstaufenkaiser; sein Vater und seine Brüder gehören zum Hofadel Friedrichs II. von Hohenstaufen. Was alles miteinander bedeutet: Thomas stammt nicht aus dem antiken römischen Reichsboden, sondern er kommt her aus den neuen Stämmen, die das Imperium Romanum zuerst als barbarische Invasionsmächte, dann als „Besatzung", schließlich als gelehrige Schüler und als die geschichtlichen Erben überfluten und besetzt halten. Die Zeiten des Boethius, der das Erbe der griechisch-römischen Antike durch Übersetzung und Kommentierung an die neuen Geschichtsmächte weiterzugeben sucht, sind längst vorbei. Die Schüler sind mündig geworden.

Der Knabe Thomas, er ist der jüngste unter seinen Brüdern, wird als Fünfjähriger in die nahegelegene Abtei Monte Cassino geschickt, in die Schule. Knapp zehn Jahre später, so liest man es in mancher biographischen Darstellung, „geht" er nach Neapel. Bei näherem Zusehen handelt es sich dabei aber nicht um eine schlichte Übersiedlung, sondern um eine Flucht. Schließlich wäre es nicht ganz zutreffend, wollte man von den aus dem nationalsozialistischen Deutschland emigrierten Gelehrten sagen: Sie „gingen“ eines Tages nach Amerika. Und die Flucht des jungen Thomas hat, gleichfalls, durchaus zu tun mit der politischen Weltgeschichte, nämlich mit dem Kampf zwischen Kaiser und Papst. Monte Cassino war nicht bloß Benediktiner-Abtei, sondern auch Kastell auf der Grenze zwischen kaiserlichem und päpstlichem Bereich. Übrigens war das Kloster, das Benedikt 529 gegründet hatte (im Jahre der Auflösung der platonischen Akademie in Athen), damals schon zweimal zerstört gewesen, einmal durch die Langobarden, einmal durch die Sarazenen; es hatte schon einmal über hundert Jahre wüst gelegen. – Ich sagte, in der Biographie des heiligen Thomas seien nahezu alle Ingredienzien des Jahrhunderts verknüpft und beieinander. An diesem bloßen Faktum „Flucht von Monte Cassino nach Neapel“ lassen sich schon mehrere solcher Ingredienzien ablesen: erstens der Kampf zwischen Kaiser und Papst, der die Christenheit erschüttert und sie in eine neue Gestalt zwingen wird; zweitens das Hinaustreten aus dem feudal verfaßten Benediktinerkloster frühmittelalterlicher Prägung, das für die nun heraufziehende Zeit zunächst keine Repräsentationskraft und keine Wirkmöglichkeit mehr besitzt; drittens der Eintritt nicht nur aus der Einsamkeit des alten Mönchtums in die Stadt, sondern auch der Eintritt in eine Universität, in die von Friedrich II. kurz vorher gegründete erste reine Staatsuniversität des Abendlandes; viertens die Begegnung mit Aristoteles, die gerade an dieser, bewußt weltlichen Universität gar nicht vermieden werden kann und, damals, an keiner anderen Universität so intensiv möglich gewesen wäre; fünftens die Konfrontierung mit der ungeheuren Dynamik der Armutsbewegung, mit der ersten Generation der Bettelorden – eine Begegnung, die wiederum nur in einer Stadt möglich und erwartbar ist. Von diesen einzelnen Punkten, vor allem von den drei zuletzt genannten (Universität, Aristoteles, Bettelordensbewegung), muß noch ausführlicher gesprochen werden.

Thomas also tritt, als etwa Neunzehnjähriger, in einen der

beiden Bettelorden ein, in den von dem Spanier Dominikus gegründeten Predigerorden – offenbar auf Grund eines raschen und dann unnachgiebig durchgehaltenen Entschlusses, von dem er seiner Familie wahrscheinlich nicht vorher Kenntnis gegeben hatte. Thomas hat später, in einer Streitschrift zur Verteidigung des Ordensstandes, den Einwand erörtert, ob nicht ein solcher Entschluß lange überlegt und beraten werden müsse – wobei er das ungewöhnlich scharfe Wort niederschreibt: Von solcher Beratung seien zunächst einmal die leiblichen Verwandten fernzuhalten, die in dieser Hinsicht eher Feinde als Freunde seien.[16] In seinem eigenen Fall geht es tatsächlich nicht ohne erhebliche Konflikte ab. Als die Neapolitaner Ordensbrüder den neu hinzugekommenen Novizen möglichst rasch aus dem Machtbereich seiner Familie und auch des Hohenstaufenkaisers wegzubringen suchen (denn die Bettelorden stehen immer im Verdacht, auf der Seite des Papstes gegen den Kaiser zu wirken) – als Thomas schleunigst auf den Weg nach Paris geschickt wird, fangen seine eigenen Brüder, wahrscheinlich mit kaiserlicher Hilfe, ihn ab und setzen ihn für lange Zeit, vielleicht für ein ganzes Jahr, auf einer väterlichen Burg fest. Übrigens nutzt er die Zeit: Er macht sich, wie Grabmann herausgefunden hat[17], eine Abschrift oder einen Auszug aus einer logischen Schrift des Aristoteles. Schließlich kommt er los – und setzt die Reise nach Paris fort.

Thomas kommt an *die* abendländische Universität schlechthin, zuerst wiederum als Student; später wird er einer ihrer größten Lehrer sein. In Paris hat gerade im Jahre seiner Ankunft, 1245, Albertus Magnus seine Lehrtätigkeit eröffnet. Man hätte, wenn man im ganzen Abendlande gesucht hätte, keinen bedeutenderen und keinen moderneren Lehrer für Thomas ausfindig machen können. Die beiden gehen zusammen nach Köln, wo Albertus eine Ordensschule aufbauen soll. In dieser Kölner Lehrzeit bei Albertus, in die übrigens die Grundsteinlegung des Kölner Domes fällt, begegnet Thomas, in seinem Lehrer, einer völlig neuen Grundmacht der abendländischen Weltdeutung, dem Neu-Platonismus. Gerade in den Kölner Jahren hat sich Albertus Magnus ganz in das Studium des Dionysius Areopagita vergraben, jenes neuplatonischen Mystikers, der durch sein erschlichenes Ansehen (er sei der Paulus-Schüler, von dem die Apostelgeschichte spricht) das platonische Erbe in dem von Aristoteles faszinierten christlichen Westen anwesend hält.

Als Siebenundzwanzigjähriger wird dann Thomas nach Paris zurückgerufen, um zunächst als Lehrer an der Ordensschule der Dominikaner, im Kloster Saint Jacques, zu wirken. Später wird er Professor der Theologie an der Universität selbst – gegen erhebliche Widerstände, die sich nicht so sehr gegen seine Person richten als gegen den sich an der Universität immer stärker durchsetzenden Einfluß der Bettelorden. Obwohl Thomas sehr drastisch von diesen Streitereien betroffen wird (es bedarf eines eigenen päpstlichen Schrittes, um die Universität zu veranlassen, den über ihn verhängten Boykott aufzuheben, was dann unter diesem Druck auch geschieht, übrigens am gleichen Tage wie für Bonaventura; beide, Thomas und Bonaventura, werden in dem Schreiben des Papstes mit Namen genannt) – es ist das Erstaunliche zu verzeichnen, daß in den damals entstandenen ersten Schriften des heiligen Thomas der Spiegel nicht eines einzigen Satzes getrübt erscheint; wer diese *opuscula* liest, etwa *De ente et essentia,* wird kaum glauben, sie seien nicht im ungestörten Frieden einer Klosterzelle geschrieben. Aber auch dies ist etwas Neues in dem durch Thomas verkörperten Menschenbild: Die Klausur wird zur *inneren* Klausur, zu einer innerlich zu errichtenden und durchzutragenden Zelle der Kontemplation – durchzutragen durch die Unruhe der *vita activa* des Lehrens und der geistigen Auseinandersetzung.

Von dieser Unruhe hat Thomas ein gerütteltes Maß erfahren. Zwar verläßt er seinen Lehrstuhl an der Pariser Universität schon 1259, nach drei Jahren also – aber nur, um nun ein Wanderleben zu beginnen, das ihn bis zu seinem Tode nie mehr länger als zwei bis drei Jahre am gleichen Ort und im gleichen Amt lassen wird. *Eine* Bürde hat er freilich immer mit sich herumgeführt: den Auftrag, lehrend und schreibend das Ganze der christlichen Weltansicht zur Darstellung zu bringen. Zunächst also wird er mit Ordensaufträgen, die meist die Organisierung der Studien betreffen, nach Italien geschickt. Dann holt ihn, für drei Jahre, der Papst Urban IV. an seinen Hof, nach Orvieto, wo – zur gleichen Zeit, da noch die offiziellen Aristoteles-Verbote in Geltung sind – ein flämischer Dominikaner, der in Griechenland die Sprache des Aristoteles erlernt hat, mit nichts anderem beschäftigt ist als mit der Übersetzung der Werke eben dieses verbotenen Philosophen. Thomas selbst hat seinen Ordensgenossen, Wilhelm von Moerbecke, zu dieser Arbeit ermuntert. Der Papst aber braucht Thomas als Helfer in einer Aufgabe von geradezu universaler Bedeutung. Es bahnt sich eine Möglichkeit an, daß der christliche Osten sich wieder mit der westlichen Christenheit vereinigen könnte. Und Thomas wird mit der theologischen Wegbereitung beauftragt. Nach drei Jahren kommt wieder ein neuer Auftrag: Leitung der Ordensschule in Santa Sabina zu Rom, für zwei Jahre. Nur noch zehn Lebensjahre liegen vor ihm; noch ist kein einziger der zwölf Kommentare zu den Schriften des Aristoteles geschrieben; desgleichen noch keine Zeile der *Summa theologica*. Es sind diese beiden Jahre in Rom, in denen er mit beidem beginnt. Dann holt ihn ein neuer Papst, Klemens IV., an seinen Hof nach Viterbo. Dieser Papst ist nicht unschuldig am Tode des letzten Hohenstaufen, des Knaben Konradin, dessen Schicksal sich in diesen Jahren auf dem Schafott in Neapel erfüllt. Thomas schreibt zu dieser Zeit unter anderem das Buch über die politische Herrschaft, worin sich das großartige Kapitel über den Lohn findet, den der gerechte König zu erwarten habe.[18] – 1269, also wiederum knapp zwei Jahre später, geschieht das Überraschende und sehr Ungewöhnliche, daß die Ordensleitung ihn ein zweites Mal an die Universität Paris beruft. Der Mendikantenstreit hat sich dort erheblich verschärft und radikalisiert; es geht nicht mehr um Lehrstühle, sondern um Lehren, um die Grundlagen des Ordensideals. Aber das ist nur *ein* Thema. Viel wichtiger ist die Auseinandersetzung mit zwei philosophisch-theologischen Grundansichten, die sehr unmittelbar die Position betreffen, deren Formulierung, Klärung, Verteidigung bisher das eigentliche Anliegen, geradezu die einzige Bemühung des heiligen Thomas selbst gewesen ist. Wir können an diesem Punkt das Einzelne nicht schon erörtern; es muß hier genügen zu sagen: Es ist genau das bedroht, was ich zu Anfang die Konstituierung des spezifisch „Abendländischen" genannt habe; und zwar ist es bedroht zugleich von denen, die sich um die Bewahrung des christlichen Erbes sorgen, *und* von denen, die den kühnen neuen Ansatz des Thomas durch Übersteigerung pervertieren. Merkwürdigerweise steht Thomas hier völlig allein. Es tritt das höchst verwunderliche Faktum zutage: Dieser Lehrer von Geburt wie aus Neigung und Gnade hat keinen Schüler von Rang; auch unmittelbar nach seinem Tode gibt es keinen, der das Erbe des Meisters mit einer auch nur einigermaßen ebenbürtigen Überzeugungskraft zu bewahren und zu verteidigen vermocht hätte. Thomas also steht allein – und er wirft sich mit einer ungeheuren Vehemenz in die Arbeit. Es ist kaum zu glauben, was er in diesen letzten Pariser Jahren – es sind wiederum nur drei – geschrieben hat: Kommentare zu fast allen Werken des Aristoteles; einen Kommentar zum Buche *Hiob*, zum *Johannesevangelium*, zu den Paulusbriefen; die großen *Quaestiones disputatae* über das Böse, über die Tugenden; den umfangreichen zweiten Hauptteil der *Summa theologica.* Dabei entzieht sich Thomas nicht etwa der Auseinandersetzung, sondern seine Arbeiten sind durchweg gerade Beiträge zu dieser Auseinandersetzung – auch wenn man noch die eigentlichen Streitschriften außer Betracht läßt. Die Auseinandersetzung wird so scharf, daß es so aussieht, als habe die Ordensleitung gerade aus dem Grunde, um den Kampf der Geister ein wenig abzumildern, Thomas plötzlich von Paris abberufen: 1272. Sein Nachfolger jedenfalls auf dem Pariser Lehrstuhl der Predigermönche neigt mehr der traditionellen, konservativen Richtung zu. – Thomas kehrt, mit dem Auftrag einer Schulgründung innerhalb des Ordens, an den Ort seiner ersten Entscheidungen zurück, nach Neapel – wo ihn, schon nach gut einem Jahr, wieder ein päpstlicher Auftrag erreicht, der Auftrag zur Teilnahme an dem Allgemeinen Konzil, das im Frühjahr 1274 in Lyon eröffnet werden soll. Auf dem Wege dorthin ist er dann erkrankt und bald darauf gestorben, am 7. März 1274, noch nicht fünfzig Jahre alt.

Schon mehrere Monate, bevor er sich auf die Reise nach Lyon begibt, hat Thomas aufgehört zu schreiben, obwohl das *opus magnum*, die *Summa theologica,* noch nicht fertig ist und obwohl Schüler und Freunde ihn drängen. Aber Thomas weigert sich, noch eine Zeile zu schreiben oder zu diktieren. Und dabei bleibt es. „Alles, was ich geschrieben habe, kommt mir vor wie Stroh" – so antwortet er Reginald von Piperno, dem Freunde, Sekretär und Reisegefährten vieler Jahre. Später allerdings ergänzt er diesen Satz: „Alles [...] kommt mir vor wie Stroh – verglichen mit dem, was ich geschaut habe." In diesen Worten kommt etwas zum Vorschein, wovon in diesen Vorlesungen nicht ausdrücklich die Rede sein wird und das dennoch nicht verschwiegen werden kann: daß nämlich Thomas nicht nur ein philosophischer und theologischer Denker, nicht nur ein Universitätsprofessor gewesen ist, sondern auch ein mystisch Schauender, ein Heiliger.

*

Im folgenden werden wir diesen Lebensgang noch einmal mit Bedacht begleiten, um auf solche Weise deutlicher gewahr zu werden, wie sich in den Herausforderungen der Zeit und in ihrer Beantwortung das Schicksal und das Werk des heiligen Thomas verwirklichen.

II

Dem ersten und raschen, notgedrungen summarischen Überblick über den Lebensgang und das Werk sind noch ein paar Bemerkungen hinzuzufügen über einige Tatsachen, die zwar, zeitlich betrachtet, nicht mehr eigentlich „biographisch" zu nennen sind, aber doch mit zur Geschichte dieses Mannes Thomas von Aquin gehören.

Die zunächst zu nennende Tatsache ist die *Heiligsprechung*. Man kann unter gebildeten Menschen die abenteuerlichsten Vorstellungen über die Bedeutung dieses Aktes antreffen – so etwa die groteske Meinung, es handle sich dabei um eine Art posthumer „Rang-Erhöhung"; während natürlich durch den Akt der Heiligsprechung auf der Seite des auf solche Weise Gefeierten sich gar nichts verändert oder ereignet; es kommt dadurch nichts zustande, selbstverständlich nicht! Es handelt sich vielmehr um eine Feststellung, freilich um eine feierliche, auf genaue und umständliche prozessuale Ermittlungen gegründete Feststellung – nämlich um die Feststellung, daß eine ungewöhnliche, heroische „Richtigkeit" des Lebens vorliege, eine paradigmatische Ausstrahlung übermenschlicher, göttlicher Kraft und die endgültige Rückkehr in diesen göttlichen Ursprung. Jedermann weiß, daß dies für den säkularisierten Intellektuellen ziemlich gegenstandslose Reden sind. Aber es darf ihm vielleicht zugemutet werden, zur Kenntnis zu nehmen, was „gemeint" ist. – Also: Thomas von Aquin ist, knapp fünfzig Jahre nach seinem Tode, am 18. Juli 1323, heiliggesprochen worden. Dazu ist anzumerken, daß, wie Grabmann sagt[19], in Thomas zum ersten Mal ein Mensch kanonisiert worden zu sein scheint, *insofern* er Theologe und Lehrer war. Die zweiundvierzig Zeugen des Kanonisationsprozesses wissen wenig zu berichten über außergewöhnliche Bußwerke, über aufsehenerregende Taten und Kasteiungen; sie scheinen geradezu in Verlegenheit zu sein, daß sie übereinstimmend nur immer wiederholen können: Thomas sei ein lauterer Mensch gewesen, demütig, schlicht, den Frieden liebend, der Kontemplation hingegeben, maßvoll, ein Liebhaber der Armut. Und er selbst hat es immer wieder gesagt: Die Vollkommenheit des Lebens liege viel mehr im inneren Richtigsein als in äußeren Akten der Askese.[20] Einer der Zeugen im Heiligsprechungsprozeß, Wilhelm von Thocco – er ist als junger Mann Schüler des heiligen Thomas gewesen und hat eine ausführliche Biographie verfaßt –, Wilhelm von Thocco also sagt[21], die Gebete des heiligen Thomas hätten immer nur eines erbeten: Weisheit. Das ist, nebenbei bemerkt, nicht ganz zutreffend; denn es gibt ein auf uns gekommenes Gebet, in dem Thomas darum bittet, es möge ihm geschenkt werden, „heiter zu sein ohne Leichtfertigkeit und reif ohne Wichtigtuerei“[22]. – Da wir es aber nicht so sehr mit dem Menschen Thomas von Aquin zu tun haben werden als mit dem Denker, dem Theologen und vor allem dem Philosophen, mit dem Lehrer und dem Autor Thomas, bleibt dieser eine Punkt bedenkenswert: daß schon die Heiligsprechung eben den Denker und Lehrer gemeint zu haben scheint. *„Non solum virtutes, sed doctrinam etiam [...]“*[23].

Damit ist etwas in Gang gekommen, das sich dann weiter bestätigt und entfaltet – darin nämlich, daß Thomas – 1567 – zum *„Kirchenlehrer“* erklärt wird und daß er sozusagen zur „Institution“ wird, indem er – 1918 – in eines der großen Gesetzbücher der Geschichte, in den *Codex Iuris Canonici,* aufgenommen wird[24], mit der Bestimmung, daß die Priester der katholischen Kirche ihre theologische und philosophische Bildung gemäß der Methode, der Lehre und den Prinzipien des Thomas von Aquin erhalten sollen. Der besondere Titel, den man Thomas, ähnlich wie fast allen anderen bedeutenden Lehrern des Mittelalters, schon kurz nach seinem Tode beilegt, der Titel *Doctor communis,* ist neuerdings[25] mit Nachdruck wieder aufgegriffen worden: Man möge ihn, Thomas, dessen Lehre die Kirche zu ihrer eigenen gemacht habe, den *Doctor communis seu universalis* nennen, den allgemeinen, universalen Lehrer.

Es ist gar nicht anders zu erwarten, als daß solche autoritativen Normsetzungen nicht ausschließlich erfreuliche Folgen haben. Es liegt zu nahe, daß nun höchst spezielle Lehrmeinungen sich dadurch ein Ansehen zu verschaffen suchen, daß sie sich auf den offiziell anerkannten Thomas von Aquin berufen – das ist genau ebenso zu erwarten, wie daß in dem Bereich, in welchem Karl Marx zum *Doctor communis* erklärt worden ist, jedermann seine eigene Meinung durch ein Marx-Zitat zu legitimieren sucht, ob das nun sachlich gerechtfertigt ist oder nicht (was natürlich nicht heißen soll, daß etwa die Kanonisierung von Marx oder Lenin auf die gleiche Stufe gestellt werden könne mit der des heiligen Thomas). Ich möchte hierüber kein Mißverständnis aufkommen lassen: Die besondere, ungewöhnliche Hervorhebung des Thomas von Aquin durch die kirchliche Autorität halte ich keineswegs für ein bloß zufälliges Ergebnis irgendwelcher Beharrungstendenzen und Konservativismen, auch nicht für einen zunächst disziplinären Akt, der etwa auf solche Weise „geistige Einheit" zustandebringen oder bewahren soll. Eine Formulierung wie die des Wiener Theologen Albert Mitterer, der „Thomismus" sei „kirchlich vorgeschrieben"[26], halte ich für höchst unglücklich und auch für irreführend (als handle es sich um eine Art Polizei-Verordnung, die aus bloßen Zweckmäßigkeitsgründen sowohl erlassen wäre wie auch aufgehoben oder abgeändert werden könnte). Vielmehr bin ich davon überzeugt, daß diese Hervorstellung des heiligen Thomas, die immer wieder einmal verwunderlich erscheinen mag, aus der Sache selbst heraus sinnvoll und notwendig ist. Und selbstverständlich ist damit nicht irgendwelche sterile Nachbeterei empfohlen (die Thomas-Enzyklika Pius' XI. warnt ausdrücklich davor), und natürlich soll damit nicht etwa das Zeitbedingte an Thomas am Leben erhalten werden. Mitterer erweckt den Eindruck, als liege irgendein Dilemma darin, daß Thomas, verglichen mit den Resultaten der modernen Naturforschung, ein völlig anderes und natürlich ein falsches, dürftiges, primitives Weltbild gehabt habe. Ich muß sagen, daß es mir nie in den Sinn gekommen ist, die Verbindlichkeit des heiligen Thomas überhaupt auf seine biologischen Doktrinen zu beziehen. Es ist übrigens ziemlich allgemeine

Meinung[27], daß auch die Natur*philosophie* der schwächste Punkt im Denken des heiligen Thomas sei. „He has no heart for the task", sagt Gilson[28]; er hat kein „Herz" für diese Aufgabe und spart seine Geisteskraft für andere Gegenstände. Dennoch, diese sehr besondere Hervorhebung des heiligen Thomas (warum nicht Augustinus? warum nicht Albertus Magnus oder Bonaventura?) – diese Hervorhebung kann nicht gut etwas anderes besagen, als daß in seinem Werke das Ganze der Wahrheit auf eine einzigartige, paradigmatische Weise zur Aussage gelangt sei.

Ebendies aber begünstigt manche Dinge, die weniger erfreulich sind. Zum Beispiel verschärft es die Versuchung, sich rein epigonenhaft mit Thomas zu beschäftigen; es fördert die Neigung, bestimmte Thesen in Thomas hineinzudeuten, um sie auf solche Weise gleichfalls mit dem Anspruch der Gültigkeit auszustatten. Das „Elend der Thomasinterpretation" hat hier seine Wurzel (der Ausdruck stammt nicht von mir, sondern von dem Benediktiner-Theologen Anselm Stolz).[29] Nicht als seien in dieser so vielgesichtigen Interpretationsbemühung notwendigerweise oder auch nur durchschnittlicherweise unsachliche Interessen im Spiel – es ist vielmehr ganz natürlich und völlig unvermeidbar, daß, nachdem Thomas nun einmal zu einer „Institution" geworden ist, die Frage interessant und auch dringlich wird, worin eigentlich seine Vorbildlichkeit, worin das Paradigmatische und Einzigartige und worin vor allem seine Verbindlichkeit genau bestehe. Was also ist das Große an Thomas, das ihn zum *Doctor communis* der Christenheit macht? „Originalität" der Gedanken ist es wahrscheinlich nicht; Augustinus ist viel origineller. Vollendung und Originalität scheinen einander in gewissem Sinn auszuschließen; das Klassische ist nicht eigentlich originell. George Bernard Shaw hat, in seinen geistvollen Musikkritiken, über Mozart etwas gesagt, das wohl auch von Thomas gelten kann. Mozart sei, so heißt es da[30], wie Praxiteles, Raphael, Molière, Shakespeare „weder das Haupt einer neuen Richtung noch der Gründer einer Schule" – Shaw hätte getrost sagen können: genauso wenig wie Thomas von Aquin.

(Ich erinnere an das erstaunliche Faktum: Thomas, obwohl ein so großer „Lehrer", hat keine „Schüler" im engeren Sinn gehabt; er stand zeitlebens allein.) Shaw fährt fort, in bezug auf Mozart könne man nicht sagen: „‚Dies ist eine völlig neue Art von Musik, von der vor Mozart kein Mensch auch nur geträumt hat' [...]. Einen Anfang kann fast jeder machen; die Schwierigkeit besteht darin [...] zu tun, was nicht mehr übertroffen werden kann. Es ist immer dasselbe" – so schließt, mit einer höchst aggressiven Pointe, Shaws Mozart-Aufsatz – „es ist immer dasselbe: Praxiteles, Raphael und Co. haben große Männer als Bahnbrecher und nur Dummköpfe als Nachfolger." Man kann das zweifellos auch weniger respektlos sagen; aber das Gemeinte scheint zu stimmen. Das Große an den Großen scheint gerade in dem zu liegen, was sie ungeeignet macht, die Repräsentanten einer „Richtung" zu sein. Und dies trifft auch für Thomas zu. Seine Größe und übrigens auch seine Aktualität besteht gerade darin, daß es einen an ihn sich anhängenden „-ismus", einen Thomismus also, eigentlich nicht geben kann („eigentlich" nicht: das heißt, sofern man unter „Thomismus" eine besondere, durch polemische Festlegungen und Abgrenzungen bestimmte Lehr-Richtung versteht, ein schulmäßig tradierbares System von Lehrsätzen).[31] Dies kann es deswegen nicht geben, weil dazu die großartige Aussage, die das Werk des heiligen Thomas darstellt, zu reich ist; seine Besonderheit ist gerade, daß er nicht etwas „Besonderes" sein will; Thomas weigert sich, etwas auszuwählen; er unternimmt den ungeheuren Versuch, „alles zu wählen"; „er will der tieferen Absicht des heiligen Augustin wie der des Aristoteles, der tieferen Intention der menschlichen Vernunft wie des göttlichen Glaubens treu sein."[32] Ähnlich hat der französische Dominikaner Geiger, der in seinem vieldiskutierten Buch über den Begriff der „Teilhabe" bei Thomas von Aquin das Platonische im Denken des angeblichen Aristotelikers Thomas zu zeigen versucht – Geiger hat das gleiche festgestellt: Thomas hätte also wählen müssen; „or il n'a pas choisi", „aber er hat nicht gewählt."[33] Thomas ist weder Platoniker noch Aristoteliker, oder: Er ist beides.

Wie sehr diese Eigentümlichkeit zur Grundverfassung des heiligen Thomas gehört, nicht allein im denkerischen, sondern auch im existentiellen Bereich, das tritt schon deutlich an den Tag in seinen allerersten Entscheidungen. Und auch dies zeigt sich sogleich: wie wenig diese Weigerung, zu „wählen", zu tun hat mit Neutralität und Unentschiedenheit.

Ich habe schon erwähnt, daß Thomas, als etwa Fünfzehnjähriger, den Hegungsraum der Benediktinerabtei Monte Cassino verlassen muß und daß diese Flucht ihn nach Neapel führt, in eine Stadt und an eine Universität; und daß er hier zwei Erscheinungen begegnet, die nicht nur für ihn neu sind, die vielmehr überhaupt etwas Neues sind für das dreizehnte Jahrhundert.

Thomas begegnet erstens der Armutsbewegung, den Bettelorden; und zweitens begegnet er, an der Universität, dem Aristoteles. Er begegnet, als ausgeruhter, ganz und gar geöffneter junger Mensch, mit einer ungeheuren Empfänglichkeit der Seele und des Geistes den beiden Kräften, die nicht nur die eigene Zeit, sondern geradezu die Zukunft des Abendlandes insgesamt bestimmen werden. Und Thomas umfaßt sie beide mit der erstaunlichen Vehemenz seines Wesens – obwohl die Impulse, die hinter den beiden Phänomenen stehen, sich zunächst geradewegs auszuschließen scheinen. Hier schon, im allerersten Beginn, tritt, so würde ich sagen, das Paradigmatische, das Musterhafte des späteren *Doctor communis* hervor: die nichts ausschließende und nichts auslassende Einbewältigungskraft, die darauf besteht, daß alles, was ist, „dazugehöre" – zum Beispiel sowohl die Bibel wie auch die Metaphysik des Aristoteles. Davon ist nun des näheren zu sprechen.

Ich habe statt „Armutsbewegung" gesagt: „Bibel". Dies nämlich ist das entscheidende Merkmal dieser Bewegung: das Biblische, das „Evangelische". Chenu gebraucht für sie den Terminus „évangelisme"[34]. Soziologisch betrachtet, handelt es sich um eine Art von Jugendbewegung, übrigens um eine städtische, nur auf dem Boden der Stadt gedeihende Bewegung (in Monte Cassino wäre Thomas ihr niemals begegnet!), um eine

„Anti-Bewegung“ – gerichtet gegen die kompakte Weltlichkeit eines sich wirtschaftlich und politisch in der Welt einrichtenden Christentums. Aber das Eigentliche ist soziologisch nicht zu fassen. Die beiden damals gegründeten Bettelorden (die Dominikaner werden 1216 formell als Orden bestätigt, die Franziskaner 1223; der Tod des Dominikus fällt in das Jahr 1221, der Tod des Franz von Assisi in das Jahr 1226) – diese beiden Gründungen sind ohne ihre häretische Vorgeschichte gar nicht zu verstehen. In dieser Vorgeschichte verknüpfen sich, grob und vereinfachend gesagt, zwei Elemente: erstens das Katharertum, zweitens das Waldensertum. – Die *Katharer*, die sich selbst so nennen, die katharoí, die „Reinen“ (eine unheimliche Sache: daß unser Wort „Ketzer“ ursprünglich den „Reinen“, den „rein“ sein Wollenden bezeichnet!) – die mittelalterlichen Katharer also sind die Erben des alten und wohl nie völlig überwindbaren Manichäismus, der die Materie und alles Materielle als böse versteht, den Leib, die Ehe, den Staat, die sichtbaren religiösen Institutionen, die Sakramente. Der Asket ist ihnen *die* Repräsentation der Vollkommenheit; und die Askese geht bis zu dem Äußersten des freiwilligen Hungertodes. Die Verweltlichung der Christenheit und der Hierarchie gibt dieser Bewegung, die ein gewaltiges Maß an irregeleiteter Hingabekraft zu binden vermag, einen Schein von Recht, jedenfalls immer neue Nahrung. – Die *waldensische* Bewegung ist zunächst völlig orthodox, wird aber, auch durch das Versagen der offiziellen Kirche, in die Häresie abgedrängt. Der Name leitet sich her von einem Lyoneser Kaufmann Petrus Waldes, der in einem Hungerjahr, 1176, sein Vermögen verschenkt und nach dem wörtlich verstandenen Gebot Christi, also nach dem Evangelium, zu leben sucht und eine Gemeinschaft von Gleichgesinnten um sich sammelt. Ihre Kennzeichen sind Armut, Bibellesung, Wanderpredigt. – Diese beiden Ströme vermischen sich miteinander auf vielfache Weise, vor allem in Südfrankreich, wo eine mächtige Volksbewegung daraus wird, die meist, nach der Stadt Albi, Albigenserbewegung genannt wird. Die Versuche der Missionierung von seiten der Kirche schlagen sämtlich fehl. Innozenz III. schickt den Abt von Cîteaux mit einigen seiner Mitbrüder nach Südfrankreich, die „nach Art des heiligen Bernhard durch die Macht der Predigt die Häresie bekämpfen" sollen.[35] Der große Reformator Bernhard von Clairvaux ist zwar damals, um das Jahr 1200, erst knapp fünfzig Jahre tot; aber es ist schon das geschehen, was der rheinische Zisterzienser Caesarius von Heisterbach wenige Jahre später wie ein tragisches Gesetz formuliert: Zucht erzeugt Reichtum, und der Reichtum zerstört die Zucht.[36] Die Legaten des Papstes treten nicht allein als Richter auf, statt als Missionare; sie bannen und ächten und verurteilen. Nicht nur das. Sie bringen sich von vornherein um jede Glaubwürdigkeit, weil sie mit einem Unmaß an weltlichem Prunk auftreten. „Es begegnete mir", so schreibt um die Mitte des dreizehnten Jahrhunderts der schon einmal zitierte Löwener Dominikanerprior Thomas von Chantimpré[37], „es begegnete mir auf der Straße ein Abt – mit so vielen Pferden und einem so großen Gefolge, daß ich ihn, wenn ich ihn nicht gekannt hätte, eher für einen Herzog oder Grafen hätte halten mögen [...]. Es fehlte nur noch, daß er [...] auf dem Haupte ein Kränzlein getragen hätte." – Später richtet ein neuer Papst, Honorius III., ein Schreiben an die Universität Paris mit der Aufforderung, es möchten Professoren und Studenten in die südfranzösischen Häretikerstädte gehen und missionieren.[38] Es ist sehr unwahrscheinlich, daß irgend etwas dieser Art geschehen ist. Es ist auch schon zu spät; denn schon längst ist man zur Gewaltanwendung übergegangen. Der zwanzigjährige Albigenserkrieg hat schon begonnen, der sehr rasch aus einem Kreuzzug, wie Joseph Bernhart in seiner Papstgeschichte[39] sagt, „trotz dem religiösen Ernst mancher Ritter ein gemeiner Eroberungskrieg französischer Barone" wird.

Hier nun beginnt das Wirken des heiligen Dominikus. Dieser in Kastilien 1170 geborene Westgote, Priester, Subprior im Domkapitel von Osma, begleitet seinen Bischof Diego auf einer Reise nach Rom, die natürlicherweise durch Südfrankreich, durch dies Erdbebengebiet sozusagen, führt. Von dieser Reise wird er nicht wieder in seine Heimat zurückkehren. Als er,

1206, in Montpellier die päpstlichen Legaten trifft, findet er zugleich seine Lebensaufgabe, die er mit ungeteilter Leidenschaft ergreift. Dominikus ist bereits fünfunddreißig Jahre alt, und er wird schon mit fünfzig Jahren sterben. Aber diese fünfzehn Jahre könnte man nur im Stil der isländischen Saga adäquat erzählen. Die beiden Spanier begreifen, daß eine ungeheure Aufgabe wartet und daß die bisherigen Versuche, sie zu lösen, von Anfang an falsch sind. Sie selber beginnen mit der Missionierung, indem sie zunächst einmal Ernst machen mit der evangelischen Armut und indem sie vor allem die Häretiker ernst nehmen als mitmenschliche Partner. In dem gleichen Jahre 1206 findet in Montréal die erste wirkliche Disputation statt, in welcher also die Albigenser nicht wie Angeklagte vor dem Richter stehen, sondern gleichberechtigte Gesprächspartner bemühen sich um Wahrheitsfindung nach vorher festgelegten Kampfregeln, zu denen auch diese gehört: Wer seine These nicht aus der *Bibel* beweisen kann, soll als besiegt gelten.[40] Diese Disputation nun ist der Keim des Dominikanerordens, der von Anfang an dem äußersten Mißtrauen in der Kirche begegnet: Die Legaten des Papstes halten diese Methode der Missionierung für Unsinn.[41] Es gibt freilich auch solch ausnahmehafte Figuren wie den Bischof Fulko von Toulouse – ausnahmehaft in vieler Hinsicht: Dieser Fulko ist einmal einer der berühmtesten Troubadours gewesen, und dann tritt er eines Tages mitsamt seiner Frau und zwei Söhnen in den Zisterzienserorden ein, wird Abt und, ein Jahr vor der Disputation von Montréal, Bischof von Toulouse. *Er* wird es sein, der dem Predigerorden die Anerkennung Innozenz' III. erwirkt. Dominikus und sein Bischof bleiben in Frankreich, gründen die erste Gemeinschaft – durchaus nach der Weise der Albigenser! „Die Reformbewegung des Dominikus" – er wird schon ein Jahr nach der Disputation von Montréal, als der Bischof Diego stirbt, der alleinige Träger der so plötzlich in Gang gekommenen Dynamik – „die Reformbewegung des Dominikus ist aus dem Waldensertum hervorgegangen."[42] „Für Dominikus stand es fest, daß das Waldensertum nur zu überwinden sei, wenn man seine berechtigten Forderungen innerhalb der katholischen Kirche anerkannte und durchführte"[43]; „er ist wie die Waldenser zurückgegangen auf die Urkirche."[44] In dieser Entscheidung wird Dominikus nur bestärkt durch das, was er dann, bis an sein Lebensende, aus nächster Nähe mitansehen muß: die unglaubliche Grausamkeit der Albigenserkriege. Er ist – in Lavaur, 1211 – dabei, als nach der Eroberung der Stadt die Häretiker in Scharen gesteinigt, verbrannt und gekreuzigt werden. Aber während dieser Wahnsinn wütet, entsteht der Dominikanerorden – obwohl das Laterankonzil gerade eben beschlossen hat, es sollten keine neuen Orden bestätigt werden. Es entsteht ein Orden, der sich auf höchst revolutionäre Weise von den alten Orden unterscheidet: keine *stabilitas loci*; nicht in der Abgeschiedenheit, sondern inmitten der Städte lebend; Armut im buchstäblichen Sinn: Bettelarmut (Betteln ist dem Kleriker bis dahin ausdrücklich verboten);[45] ferner Bibelstudium und Wissenschaft; die Konstitutionen bestimmen sogar, daß man um des Studiums willen dem Chorgebet fernbleiben könne – eine im Benediktinerorden undenkbare Dispens.[46] Aber auch von der fast gleichzeitigen Gründung des Franz von Assisi, vom Franziskanerorden, unterscheidet sich die nunmehr „Predigerorden" genannte Gemeinschaft des Dominikus sehr erheblich – obwohl beide Gründungen eine Antwort sind auf die gleiche Herausforderung. Der Orden des Dominikus ist erstens ein *Priester*orden, von Anfang an (Franziskus ist niemals Priester gewesen); zweitens ist er vom Ursprung her völlig unromantisch, rational, nüchtern; er kennt, drittens, keine prinzipielle Ablehnung der Kultur und der Wissenschaft (wie Franz von Assisi), statt dessen ausdrückliche Hinwendung zu den ersten Universitäten des Abendlandes. Und es sind vor allem die Universitätsstudenten, übrigens auch die Professoren, die der neuen Gründung zuströmen – eine höchst merkwürdige und erregende Sache. Mit einer vielleicht nur dem Spanier möglichen Härte schickt Dominikus seine Mitbrüder, die sich gerade eben in der Gemeinschaft wohlzufühlen beginnen, ohne Mittel, ohne einen Pfennig Geld, außerdem mit dem Verbot, ein Reittier zu benutzen, durch halb

Europa – in die Universitätsstädte Bologna und Paris. Die Gemeinschaft in Bologna ist so elend untergebracht, daß sie schon beginnt, sich aufzulösen; einige Brüder wollen austreten und haben sich schon die kirchliche Erlaubnis erwirkt, in den Zisterzienserorden einzutreten. Aber dann passieren, in diesen ersten heroischen Jahren, völlig unwahrscheinliche Dinge (deren Geschichtlichkeit völlig unbezweifelbar ist). Als zum Beispiel in Bologna die Brüder versammelt sind, um sich von denen, die gehen wollen, zu verabschieden, betritt einer der berühmtesten Philosophieprofessoren der Universität Bologna den Raum, um, in äußerster Erregung, um Aufnahme in die Ordensgemeinschaft zu bitten, Roland von Cremona.[47] Er wird der erste Dominikaner sein, der einen Lehrstuhl an der Universität Paris erhält. Übrigens kommt der zweite Pariser Lehrstuhl der Dominikaner auf eine fast ebenso ungewöhnliche Weise zustande: Der weltgeistliche Professor Johann von St. Gilles hält im Dominikanerkonvent St. Jacques eine Predigt über die evangelische Armut; und während dieser Predigt hält er inne und bittet um das Ordensgewand. Es ist schlechthin undenkbar, daß solche Geschehnisse das Leben an der Universität nicht berührt haben sollten. In den Briefen des zweiten Ordensgenerals der Dominikaner, Jordans von Sachsen, in einem Brief von 1226 aus Paris heißt es: „Während der ersten vier Wochen meiner Anwesenheit sind einundzwanzig Brüder eingetreten; sechs davon sind Doktoren der Artistenfakultät."[48] Im Wintersemester 1235/1236 werden in seiner Gegenwart zweiundsiebzig Scholaren in den Orden aufgenommen. Es ist wie eine Brandstiftung. Als Dominikus 1221 stirbt, erschöpft von dieser ungeheuren fünfzehnjährigen Überanstrengung, gibt es Ordensniederlassungen in Spanien, Frankreich, Italien, Deutschland, Ungarn, England, Schweden, Dänemark – insgesamt über dreißig Konvente.

Man muß sich die Geschehnisse und die Atmosphäre dieser Gründungsjahre in die Erinnerung rufen, um zu verstehen, unter welchen Zeichen Thomas, noch nicht zwei Jahrzehnte nach dem Tode des Dominikus, in Neapel den dortigen Dominikanern begegnet ist und was sein eigener Eintritt in diesen Orden bedeutet haben muß. Der Impuls ist einerseits die Leidenschaft der Wahrheitsverkündung (sie nennt Thomas in seiner ersten Summa, in der *Summa wider die Heiden*, das *propositum nostrae intentionis*, das Vorhaben, auf das es uns ankommt[49] – Wahrheitsverkündung solcher Art, daß die Wahrheit als sie selber und durch sich selber sich zeige, gerade dem Gegner!). Der andere Impuls ist das Evangelische. Es ist durchaus die gleiche Radikalität im Spiel, die Petrus Waldes und Dominikus eigen gewesen ist, die Radikalität im Zurückgehen auf die Bibel und das in ihr verkündete Armutsideal. Das ist ein Element auch der *Lehre* des heiligen Thomas, das oft völlig unterschlagen wird. Wir können uns nicht ausdrücklich und ausführlich damit befassen. Aber man muß wissen, daß die innere Existenz auch des philosophierenden Thomas von hier her mitbestimmt wird. „Evangelische Vollkommenheit" – das ist ein Begriff, der viele Male bei Thomas begegnet.[50] „Die evangelische Vollkommenheit besteht in der Nachahmung Christi; Christus aber ist nicht allein in seiner Willenshaltung, sondern auch wirklich [*realiter*] arm gewesen" – das ist ein Satz aus einer der Streitschriften für die Armutsbewegung.[51] – Aber das biblische Element bedeutet im Werk des heiligen Thomas weit mehr (nicht in „der" Scholastik überhaupt, wohl aber im Werk des heiligen Thomas). Daß es zum Beispiel in der *Summa theologica* drei umfangreiche Traktate biblischer Theologie[52] gibt, ist schon damals, gegen die bereits viel „systematischere" Theologie der Sentenzenkommentare, eine Neuerung. Sie ist dem besonderen Impuls der Armutsbewegung zu verdanken. Thomas führt das Biblische geradezu als Argument dafür an, daß die Bettelorden zur Predigt und zur Seelsorge zuzulassen seien: „Es finden sich [im Pfarrklerus, so sagt er] doch nur sehr wenige [*paucissimi*], welche die Heilige Schrift kennen – obwohl doch der Verkünder des Wortes Gottes in der Heiligen Schrift bewandert sein muß."[53] Im Dominikanerkloster St. Jacques zu Paris wird das große Werk der ersten *Bibel*-Korrektorien und der ersten *Bibel*-Konkordanz geleistet – in den gleichen Jahren, in denen, in demselben Kloster, die *Physik* des Aristoteles kommentiert wird. Womit wiederum das andere äußerste Ende dieses Bogens genannt ist, den Thomas zu spannen unternimmt. Die beiden Enden gehören zusammen. Wollte man nur das eine bedenken, den Versuch, das evangelische Richtbild zu verwirklichen, dann sähe man in Thomas nur den Bettelmönch, eine rein innerkirchliche Erscheinung. Man muß das sehr Irdische und Realistische der Zuwendung zu Aristoteles hinzudenken. Vor allem aber, und diese Gefahr liegt viel näher: Man mißversteht notwendig das Anliegen dieses „Aristotelismus" (in Anführungszeichen!), wenn man ihn nicht durchwirkt und durchtränkt sieht von dem anscheinend völlig Fremdartigen, ja Entgegengesetzten einer dezidiert evangelischen Christlichkeit. Unter diesem Aspekt also wird von der Begegnung des heiligen Thomas mit Aristoteles zu reden sein.

III

Die geistige Dynamik des frühen dreizehnten Jahrhunderts wird, so haben wir gesagt, vor allem durch zwei Kräfte bestimmt, beide revolutionär und beide voll ungeheurer Vitalität: einerseits durch den radikalen Evangelismus der Armutsbewegung, der die Bibel neu entdeckt und zur Richtschnur christlicher Lehre und christlichen Lebens macht; anderseits durch das nicht minder vehemente Drängen zu einer rein natürlichen Erforschung der vor Augen liegenden Realität, zu einer bis dahin gleichfalls unerhört neuen „Weltlichkeit", die dann in dem eben bekannt werdenden Gesamtwerk des Aristoteles einen mächtigen Bundesgenossen bekommt. Beide Bewegungen besitzen von sich aus Sprengkraft genug, das geistige Ordnungsgefüge der mittelalterlichen Christenheit zu zerstören. Beide treten in extremistischer, in, theologisch betrachtet, häretischer Gestalt auf. Das Besondere des heiligen Thomas, der diesen beiden geistigen Erscheinungen als Student in Neapel begegnet, ist, daß er das Recht beider Grundanliegen erkennt und anerkennt; daß er selber sich mit beiden identifiziert; daß er beide bejaht, obwohl sie einander geradezu entgegengesetzt sind; und daß er beide in seiner eigenen geistlichen und geistigen Existenz zu verbinden sucht. Das Paradigmatische, Musterhafte, des heiligen Thomas ist, so haben wir gesagt, eben dies: daß er gerade nicht „wählt" zwischen den beiden extremen Möglichkeiten, sondern daß er sie beide „wählt" – und dies nicht in der Weise einer rein faktischen Addition, sondern indem er die Zusammengehörigkeit, ja die Notwendigkeit der Verknüpfung des anscheinend einander Ausschließenden erfaßt und erweist.

Bisher haben wir nur erst von dem einen Ende dieses Bogens gesprochen, den Thomas zu spannen und zu handhaben unternimmt; wir haben gesprochen von dem Element des Evangelisch-Biblischen, von dem radikalen Rückgriff auf die *Ecclesia primitiva* – wie es in der zunächst weithin häretischen und destruktiven, dann in den Bettelorden gebändigten Armutsbewegung sich darstellt. – Was Thomas als jugendlichen Studenten in den Orden des Dominikus führt, das ist *erstens* die Entflammung für das Richtbild einer entschieden evangelischen Christlichkeit, kurz gesagt, für das Armutsideal. Im Heiligsprechungsprozeß wird dies von den Zeugen besonders hervorgehoben: Er sei zeitlebens ein *praecipuus paupertatis amator* gewesen. Zu diesem Bilde gehört auch, daß Thomas in seinem ruhelosen Wanderleben, das ihn von Auftrag zu Auftrag zwischen Neapel, Paris, Köln, Rom, Toulouse ständig in Atem hält, all diese Reisen zu Fuß macht – genau ebenso wie Albertus Magnus, der als Ordensoberer seinen Prioren und Mitbrüdern sehr empfindliche Strafen zudiktiert, wenn einer etwa ein Reittier zu benutzen wagt, und der selber von Südfrankreich bis zur ostpreußischen Bernsteinküste und von Paris bis nach Ungarn fast das ganze Abendland durchwandert hat (was ihm dann, als er Bischof von Regensburg ist, den Spitznamen „der Bundschuh" einträgt). Und auch dies mag erwähnt sein: Thomas hatte, als er die *Summe wider die Heiden* schrieb (so heißt es gleichfalls in den Prozeßakten der Kanonisierung[54]), nicht einmal Papier genug zur Hand, so daß er kleine Zettelchen benutzen mußte. – Der zweite Impuls für den Eintritt in den Predigerorden ist: die Leidenschaft des Lehrens. Lehren findet nicht schon statt, wenn einer die Resultate seines Nachdenkens bekanntgibt und ausspricht, und sei es auch vom Katheder her und vor vielen Hörern. Lehren im eigentlichen Sinn findet erst statt, wenn der Hörende erreicht wird – und zwar nicht in der Weise irgendwelcher irrationalen Faszination oder der Verzauberung durch rhetorische Wort-Magie, sondern in der Weise, daß die Wahrheit des Gesagten sich, als sie selber, dem Hörenden zeigt. Lehren findet nur dann wirklich statt, wenn seine letzte, aber von Anfang an intendierte Frucht erreicht ist: das „Belehrt-Sein" des Hörenden. Und Belehrt-Sein ist etwas anderes als Hingerissen-Sein und etwas anderes als Eingeschüchtert-Sein; Belehrt-Sein heißt: sehen, daß und warum das vom Lehrenden Gesagte wahr und gültig ist. Lehren also setzt voraus, daß der Hörende an dem Ort aufgesucht wird, an dem er sich befindet. So besagt lehren: ausgehen von der vorgefundenen, *in abstracto* gar nicht konstruierbaren und nicht ein für allemal fixierbaren, sondern von der jeweils geschichtlich realisierten, völlig konkreten Position und Disposition des Hörenden; seine Argumente ernst nehmen und von ihrem Wahrheitsgehalt her (es gibt, sofern es sich nicht einfach um Schwachsinn handelt oder um intellektuelle Spielerei, keine ganz und gar falschen Meinungen!) – also von dem Wahrheitsgehalt der im Hörenden lebendigen Meinung her zu der voller und reiner zu erfassenden Wahrheit führen. Das ist die Struktur von Lehren, so wie Thomas es verstanden hat. In diesem Vorgang hat also der Hörende durchaus „mitzureden", auch wenn er nicht selbst das Wort nimmt; der Lehrende muß ihn in seiner eigenen Rede zu Wort bringen. Es ist hier die alte, sokratisch-platonische Vorstellung wirksam, daß Wahrheit sich nur im Gespräch, in der Unterredung ereigne. Und genau dies hatte Dominikus verwirklicht, als er – entsetzt über die Gewaltmethoden in der Bekämpfung der albigensischen Gefahr und überzeugt von der völligen Wirkungslosigkeit einer bloß autoritativen, bloß richterlichen, also gerade nicht „lehrenden" Wahrheitsverkündung – in der berühmten Disputation von Montréal an die Stelle des Verhörs den Dialog zwischen einander respektierenden Partnern setzte.

An diesem Punkt muß nun freilich auch eine furchtbare Sache erwähnt werden, die all dem diametral entgegengesetzt ist – all dem, was hier über das Dominikus wie Thomas eigene Ethos des Lehrens und der Wahrheitsverkündung gesagt worden ist. Dies Furchtbare heißt „Inquisition". Es ist etwas, das hier nicht übergangen werden kann, weil die Inquisition – genau in der Lebenszeit des Thomas von Aquin – die ersten Generationen des Dominikanerordens sehr unmittelbar betrifft, und zwar als ein Makel und ein Schandmal, das durch keine „historischen" Erklärungsversuche aus der Welt geschafft werden kann. Es ist ein Dominikaner (Ferrier), der, zu eben der Zeit, da Thomas diesem Orden begegnet, die ersten Inquisitionstribunale in Frankreich errichtet; es ist ein anderer Dominikaner, Robert le Bougre, der „Schurke“, der im Mai des Jahres, in dem Thomas nach Neapel kommt (1239), in der Champagne innerhalb weniger Tage einhundertundachtzig Katharer mitsamt ihrem Bischof verbrennen läßt. Schon in dieser frühen Zeit werden, aus diesem Grunde, Dominikanerklöster gestürmt.[55] „Inquisitionsprozeß“, das heißt doch: Bedrohung, Zwang, Gewaltanwendung, und zwar nicht im Kriege, sondern im Vollzug der Verteidigung von Lehren. Und dies ist doch offenbar genau das Gegenteil von lehrender Wahrheitsverkündung, wie sie Dominikus, der Ordensgründer, und auch Thomas gewollt haben! Was ist dazu zu sagen? – Natürlich ist es ganz unmöglich, im Rahmen dieser Vorlesungen eine Gesamtdarstellung der Inquisition auch nur versuchen zu wollen. Und was die Beurteilung angeht, so weiß ich nicht, ob es jemanden gibt, der, selbst bei völliger Kenntnis aller Fakten, fähig wäre, ein völlig gerechtes Urteil zu finden. Im Ganzen muß wohl von einer nicht zu rechtfertigenden, furchtbaren Verirrung gesprochen werden, vor der man erschreckt und ratlos steht – obwohl man begreift, daß solche Dinge möglich werden, sobald sich das Geistliche mit der weltlichen Macht verbindet (wie es im Abendland seit Konstantins Zeiten geschehen ist). Aber das Verwirrende ist, daß man ja auch nicht wünschen kann, die beiden Bereiche möchten schlechthin nichts miteinander zu tun haben. Wo immer eine Gemeinschaftsordnung oder vielmehr die diese Ordnung wahrende Macht die Fundamente dieser Ordnung negiert sieht, gefährdet nicht schon durch Umsturzpläne, sondern durch „Ideen“, da taucht am Horizont die Möglichkeit „Inquisition“ auf – im Mittelalter nicht anders als heute, ob es sich nun um das moderne Rußland oder das moderne Amerika handelt. Offenbar ist dies eine durchaus immerwährende Versuchung und Gefahr. – Wer nun das Faktum richtig beurteilen will, daß der Papst Gregor IX. um 1230/1231, zehn Jahre nach dem Tode des Dominikus, gerade dem Dominikanerorden die Aufgabe überträgt, die Inquisitoren für die Ketzerprozesse zu stellen (dem Orden also, der in dem Bewußtsein gegründet ist, die waldensisch-albigensische Bewegung sei einzig dadurch zu überwinden, daß die Kirche selber die berechtigten Forderungen anerkenne und realisiere) – der muß den Zusammenhang mit einigen anderen Erscheinungen bedenken. Es handelt sich nämlich um eine *Gegen*maßnahme. Gegen was? Gegen mehreres. Erstens gegen den Kaiser oder vielmehr gegen den durch Friedrich II., den angeblich „modernen" und „liberalen" Hohenstaufen, in Gang gebrachten Rechtsbrauch, daß die Ketzer durch staatliche Beamte aufzuspüren waren und also diesen, die zweifellos in solcher Sache unkundig waren, die erste Beurteilung überlassen blieb. Zweitens richtet sich die päpstliche Anordnung gegen das Unberechenbare des „Volksempfindens", in dem sich seit je irrationale Affekte mit höchst rationalen Zwecksetzungen privater Rache und Feindschaft gemischt haben. Die Quellen besagen einhellig, daß „das Volk" – man darf wohl auch sagen „die Masse", wenn nicht „der Mob", „der Pöbel" – stets die schärfsten, grausamsten Strafen verlangt hat und sie am liebsten auch selber, in wilder Lynchjustiz, vollzogen hätte. *Inquisitio* heißt Untersuchung – und eben dies ist das Anliegen des Papstes: eine wirkliche Untersuchung, ein Rechtsverfahren, an Stelle der bloßen Lynchjustiz, an Stelle des simplen Polizeizugriffs. Wenn ein Historiker die Einführung der Inquisition als einen „Fortschritt in der juristischen Theorie"[56] bezeichnet, eine Formulierung, die einem zunächst als ungeheuerlich erscheint – dann ist dies so zu verstehen. Jedenfalls zeigt sich von hier aus eine neue Möglichkeit, die Beauftragung gerade der Dominikaner begreiflich zu machen: Es sollte das, im Fall der Albigenser, nun schon fast dreißig Jahre währende Unheil der bloßen Gewaltanwendung gemildert werden. Aber dieser Versuch führt dann zu neuem Unheil; er führt vor allem zu etwas, das schließlich die ursprüngliche Absicht des Ordensgründers ins Gegenteil pervertiert. – Auch Thomas vermag sich offenbar nicht über seine Zeit zu erheben; er stellt, in der *Summa theologica*[57], die Frage, ob der Ketzer ertragen, geduldet werden könne, das heißt, ob man ihn gewähren lassen dürfe. Und seine Antwort lautet, der Ketzer könne *nicht* geduldet werden; wenn es gerecht sei, die Falschmünzer zum Tode zu verurteilen (dies freilich muß immer mitbedacht werden: die Härte der Strafjustiz überhaupt in jenen Zeitläuften) – also: Wenn gar der Falschmünzer getötet werde, dann müsse auch getötet werden, wer das viel Schlimmere verübe, den Glauben zu verfälschen[58]; denn das ewige Heil sei höher zu achten als das zeitliche Gut, und das Wohl aller sei höher zu achten als das Wohl eines einzelnen. – Wenngleich aus diesem Prinzip gar nichts folgt in bezug auf das *Verfahren* der Urteilsfindung (und *dies* ist das Feld der furchtbarsten Mißbräuche gewesen) – es ist einem Christen dieser unserer Zeit schlechterdings unmöglich, hier dem *Doctor communis* zuzustimmen. (Allerdings, auf Grund von was ist ihm das unmöglich? Offenbar nicht auf Grund der bloßen Tatsache, daß er ein „moderner" Mensch ist! Die „modernsten" Dinge, die im Bereich des „Gesinnungsterrors" heute in der Welt geschehen, berechtigen zu keinerlei Überheblichkeit gegenüber dem Mittelalter.) Das im Fall des heiligen Thomas Unbegreifliche ist, daß er im Traktat über den Glauben völlig klar das Selbstverständliche sagt: Niemand könne zum Glauben gezwungen werden; man könne zwar mancherlei Dinge unter Zwang tun, nur nicht: glauben. – Und was das Ermittlungsverfahren betrifft, so gibt es unter den *opuscula* des heiligen Thomas, aus seinen letzten Jahren, eines mit dem Titel *Über das Geheimnis*; es handelt sich freilich nicht um eine von Thomas allein verfaßte Schrift, sondern um die Beantwortung von Fragen, an der er, neben sieben anderen, mitgewirkt hat. Eine der Fragen, die zur Beantwortung stehen, lautet so: Gesetzt den Fall, einer beschuldigt einen anderen einer Verfehlung, die er, der Ankläger, allein kennt oder die er nicht beweisen kann: darf in solchem Fall der Obere selber nachforschen; oder darf er anordnen, daß der Beschuldigte vor der Versammlung der Brüder die Wahrheit sage; und ist der Beschuldigte verpflichtet, auf Grund dieser Anordnung dem Oberen die Verfehlung zu bekennen?[59] Man transponiere einmal diese Frage in die Terminologie und in die Atmosphäre zeitgenössischer Untersuchungsverfahren, die sich auf „ideologische Abweichungen" beziehen; und man bedenke dabei, wie in solchem

Zusammenhang, in Ost und West, Mittel wie der „Lügendetektor“, die geheime Tonbandaufnahme, die Fernsehüberwachung, die Enthemmungsdroge beurteilt werden; das Thema „Geheimnis“ – nicht im Sinne von *mysterium*, sondern im Sinne von *secretum* – ist ja im Bereich der totalitären Machtausübung und in den hiermit verknüpften „Inquisitionen“ von äußerster Aktualität. Man denke ferner diese damals dem heiligen Thomas vorgelegte Frage zusammen mit der Vorstellung, die wir uns durchschnittlich von der „Inquisition“ und dem „Gewissenszwang“ des dreizehnten Jahrhunderts machen. Welche Antwort würden wir erwartbar finden – heute wie damals? Auf keinen Fall, so scheint es mir, die von Thomas gegebene Antwort. Sie lautet so: „Der Obere darf *nicht* anordnen [daß der Beschuldigte sich erklären solle]; wenn er es anordnet, versündigt er sich schwer. Und der Beschuldigte ist nicht gehalten, sich zu offenbaren; vielmehr mag er sagen: Der Ankläger soll beweisen, was er gesagt hat – andernfalls verlange ich einen Urteilsspruch [gegen ihn] wegen ungebührlicher Anschuldigung. Etwas von dieser Art mag der Angeschuldigte antworten; oder er mag einfach schweigen. *Quia in occultis non est homo iudex*, über das Verborgene ist der Mensch nicht zum Richter gesetzt.“[60] – Zweifellos paßt diese Antwort nicht zu der Vorstellung, daß der gleiche Thomas ein Befürworter der Inquisition gewesen sei. Ich selber weiß mir auch keinen Reim. Aber es ist nicht unwichtig, die Ungereimtheit überhaupt wahrzunehmen. Sie steigert sich noch, wenn man sieht, wie Thomas, als Autor und als Lehrer, verfährt, wenn er sich auseinandersetzt mit gegnerischen Meinungen. Da ist schlechterdings nichts von diktatorischer oder dekretierender Geste. Es kann einem durchaus passieren, daß man, etwa in der Lektüre der *Summe wider die Heiden*, arglos an ein Kapitel gerät, in welchem Thomas die Argumente der Gegner darlegt, die, sofern es sich um theologische Gegenstände handelt, sehr wohl Häretiker sein mögen; es mag also geschehen, daß man diese gegnerischen Argumente zur Kenntnis nimmt und schon fast geneigt ist, sie für unwiderleglich zu halten – so unbefangen formuliert Thomas sie. Er selbst bringt ihre Kraft mit so schlagender Begründung an den Tag, wie der Gegner selbst es vielleicht gar nicht vermocht hätte. Hier ist ungeschmälert der Gesprächscharakter realisiert, der Charakter eines Dialogs zwischen Partnern, die einander respektieren. Das heißt nicht, jede Meinung habe recht; wohl aber, daß jeder das Recht habe, sein Argument zu formulieren, und daß jeder verpflichtet sei, dem anderen zuzuhören. Die Wahrheit soll als sie selber, mit der ihr selbst innewohnenden Kraft, und nicht durch eine hinzutretende sachfremde Gewalt, zur Wirkung gebracht werden. In dieser Eigentümlichkeit der Denk- und Redeweise des heiligen Thomas, die sich in seinem ganzen Werke zeigt, gerade auch in den Streitschriften, ist der Impuls rein realisiert, aus welchem die Gründung des Predigerordens ursprünglich geschehen ist. Und die innere Affinität zu diesem Impuls ist es, die Thomas, außer der Entscheidung für die evangelische Armut, in den Dominikanerorden geführt hat.

Nun aber muß die Rede sein von dem zweiten Element, das Thomas mit seiner ungeheuren Bejahungs- und Einbewältigungskraft gleichfalls umfaßt hat. Dies andere Ende des Bogens heißt „Aristoteles".

Kaum irgendwo sonst im Abendlande war diese Begegnung mit Aristoteles in solcher Intensität und Breite möglich wie gerade in Neapel. Erstens war Sizilien, wozu ja Neapel gehörte, seit je Grenzgebiet und Umschlagsplatz zwischen Westen und Osten. Am Hof der Normannenkönige und später am Hof der Staufer war das Fremde, sowohl das Griechische wie auch das Arabische, auf die natürlichste Weise anwesend, wie im Grenzland immer der Nachbar anwesend ist. Das staufische Palermo ist eine Art von Übersetzungszentrum. Friedrich II. holt den rätselhaften Schotten Michael (Michael Scotus) als Hofastrologen dorthin; und dieser Mann, der, in Oxford gebildet, in Toledo Arabisch gelernt und dort schon Übersetzungen aus dem Arabischen gemacht hat, überträgt, um 1230, in Palermo den Aristoteles-Kommentator Averroes ins Lateinische – mit einem ganzen „team" von Übersetzern. Er scheint auch den Iren Petrus von Hibernia mitgebracht oder empfohlen zu haben, der dann der Lehrer des jungen Thomas wird. – Der zweite Grund, weswegen ein Student gerade der Universität Neapel besonders intensiv das Werk des Aristoteles kennenlernen kann, liegt darin, daß man sich an dieser reinen Staatsuniversität, die sich unabhängig weiß von der Kirche und ihren Privilegien, um die offiziellen Aristotelesverbote Roms betont nicht kümmert.

Als Aristoteles, dessen Logik schon seit des Boethius Zeiten zum selbstverständlichen Lehrgut der abendländischen Schulen gehört, auf abenteuerlichen Wegen (Übersetzungen nicht zunächst aus dem Griechischen ins Lateinische, sondern aus dem Arabischen ins Lateinische, wobei das Arabische wieder auf syrische Übersetzungen zurückgeht) – als die naturkundlichen Werke des Aristoteles sowie seine Metaphysik, Ethik und Psychologie im Abendlande, fast mit einem Schlag, bekannt werden, da geschieht etwas anderes, als daß eben ein paar Bücher mehr dem Studium zugänglich werden. Es geschieht, daß eine völlig neue, runde, geschlossene Weltansicht der gleichfalls in sich einigermaßen geschlossenen traditionellen Weltansicht entgegentritt, wie eine Konkurrenz. Dabei ist das Erregende, daß dies Neue eben doch nicht völlig unvertraut ist, daß vielmehr in dieser westlichen Christenheit des zweiten Jahrtausends, in ihr selber, etwas herangediehen und sozusagen spruchreif geworden ist, das von sich aus in die gleiche Richtung zielt wie die aristotelische Welt- und Lebenslehre. Dieser Aristoteles „liegt“ der abendländischen Christenheit um 1200 auf unheimliche Weise; er bedeutet für sie geradezu die Möglichkeit, sich über sich selbst klar zu werden. Und so ist es einigermaßen verständlich, wenn nun das geschieht, was wirklich geschehen ist: daß nämlich dies Neue (wie Grabmann, der jeder Übertreibung abgeneigt ist und sehr maßvoll zu formulieren pflegt, es ausgedrückt hat) als ein „wild dahinbrausender Strom“ die Dämme und Schutzwälle der Tradition niederzureißen droht.[61] So wird auch die Sorge verständlich und die Befürchtung, der Traditionszusammenhang könnte im Sturm eines ausschließlich dem Neuen zugewandten Radikalismus einfachhin zu Bruch gehen. Und nichts ist begreiflicher, als daß diese Sorge um das Gesamt der Wahrheit sich zunächst in einem Abwehrgestus äußert. Es ist ja keineswegs ohne weiteres erwartbar gewesen, daß sich eine so ungewöhnliche Einbewältigungskraft finden sollte, wie sie hier gefordert war, um dieses Neue, und mochte es tausendmal wahr und gültig sein, auf irgendeine Weise mit dem Alten Wahren auch nur zu einer Art „Ko-Existenz" zu bringen. Zwar sind anderseits die kirchlichen Warnungen, Einschränkungen und Verbote ein von Anfang an aussichtsloses Unternehmen; und es sieht so aus, als sei dies den kirchlichen Autoritäten auch nicht verborgen geblieben. Es ist etwas seltsam Lässiges in diesen Anordnungen, die noch nicht einmal überall gelten (die Universität Toulouse, gleichfalls eine kirchliche Gründung, macht öffentlich zur Studentenwerbung Propaganda mit dem Hinweis, daß in Toulouse erlaubt sei, was in Paris verboten ist: nämlich Aristoteles zu studieren;[62] der Erfolg dieser Werbeaktion ist allerdings, daß im Jahre 1245 das Aristotelesverbot ausdrücklich auch auf Toulouse ausgedehnt wird). 1245 – das ist das Jahr, in welchem Thomas sich auf den Weg nach Paris macht; er hat das Aristotelesstudium in Neapel schon hinter sich gebracht. Und in Paris wird übrigens, trotz Weitergeltung der Aristotelesverbote, durchaus Aristoteles gelehrt; wir besitzen von der Hand des heiligen Thomas, aus seinem ersten Lernjahr bei Albertus Magnus, Nachschriften von Vorlesungen über die *Nikomachische Ethik* des Aristoteles. 1263 ergeht von Rom her eine erneute Einschärfung der Aristotelesverbote. Aber in der Erstlingsschrift des heiligen Thomas, in *De ente et essentia,* fast zehn Jahre vorher geschrieben (1254), beginnt sogleich das erste Kapitel mit einem Zitat aus der *Metaphysik* des Aristoteles, der dabei keineswegs als irgendein Autor zitiert ist, sondern mit seinem Ehrentitel als „der Philosoph" schlechthin. In der gleichen Zeit schreibt Albert seine großen Aristoteleskommentare; Grabmann sagt: „unter den Augen der Päpste"[63] – was doch wohl heißen soll: den Päpsten zum Trotz. Ich gestehe, daß ich nicht völlig begreife, wie das möglich gewesen ist, sowohl auf seiten der Päpste als auf seiten dieser doch durchaus päpstlich gesinnten Mönche; ich verstehe nicht ganz, wie das zuging, daß, wie es gleichfalls bei Grabmann heißt, durch die Aristoteleskommentare von Albert und Thomas die kirchlichen Aristotelesverbote „praktisch außer Kraft getreten"[64] seien. Wahrscheinlich spiegelt sich in solchen Ungereimtheiten das geschichtliche Ineinander einerseits des elementaren Rezeptionsvorgangs, der in knapp einem Menschenalter begonnen und abgeschlossen ist, und anderseits des begreiflichen und wohl auch notwendigen Versuchs, die Kontinuität des Traditionszusammenhangs dennoch durchzuhalten.[65] – Als 1366 an der Universität Paris wieder einmal die Studien- und Examensordnung überprüft wird, fordern die päpstlichen Legaten: Wer in Paris den akademischen Grad eines Lizentiaten der Philosophie erwerben wolle, müsse sämtliche Bücher des Aristoteles kennen. Und so bleibt es, bis ins 16./17. Jahrhundert hinein. Als Luther seine Lehrtätigkeit in Wittenberg beginnt, da geschieht dies so, daß er Vorlesungen über die *Nikomachische Ethik* des Aristoteles hält – was ihn freilich nicht gehindert hat, später von „Narristoteles" zu sprechen.

Im frühesten Stadium also dieser Einformung des Aristoteles in die philosophisch-theologische Weltansicht der Christenheit besucht Thomas in Neapel die Aristotelesvorlesungen des Petrus von Hibernia. Dieser Ire, von dem eine Disputation vor dem König Manfred auf uns gekommen ist, ist schon ein völlig neuer Typ von Universitätslehrer, „moderner"[66] als die Verfasser der früheren Sentenzenkommentare und Summen. Das Neue ist das primär philosophische Interesse und das Zurücktreten des Theologischen.[67] Es ist also zu bedenken, daß Thomas beim allerersten Bekanntwerden keineswegs einer „gemäßigten", sondern gerade einer extremen und durchaus gefährlichen Form des Aristotelismus begegnet ist. Um so erstaunlicher, daß er dies kaum Vereinbare, dies mit dem so radikal Biblischen und Evangelischen der Armutsbewegung schlichtweg unverträglich Scheinende dennoch gleichfalls zu assimilieren und als zusammengehörig zu erweisen unternommen hat.

Um dies zu verstehen, muß man allerdings zuvor zu klären suchen, was für Thomas selber die Zuwendung zu Aristoteles bedeutet hat. Sie bedeutet für ihn etwas anderes als für seinen Lehrer Petrus von Hibernia. Und sie hat nichts zu tun mit „Aristotelismus".

IV

Man hat nicht allzuviel gesagt, man hat das Entscheidende einfach nicht getroffen, wenn man Thomas einen „Aristoteliker" nennt. Hier hat das Ungenügen der ersten modernen Bemühungen um eine Erschließung des heiligen Thomas, vor etwa siebzig Jahren, seinen Grund; freilich ist damals ein Thomasbild etabliert worden, das dann in den Schulen lange, bis heute, nachwirkt. Eine der ersten systematischen Gesamtdarstellungen der philosophischen Grundgedanken des heiligen Thomas, die bis auf diesen Tag als Lehrbuch im Gebrauch ist, trägt den Titel *Elementa philosophiae aristotelico-thomisticae*, deutsch erschienen als *Die aristotelisch-thomistische Philosophie*.[68]

Wie aber sollte es uns heute, nach siebenhundert Jahren, noch im Ernst, über das bloß Historische hinaus, angehen, daß Thomas „der Begründer des christlichen Aristotelismus des Mittelalters"[69] gewesen ist! Dies jedenfalls kann es nicht sein, wodurch Thomas der *Doctor communis* der Christenheit ist.

Es ist aber auch, noch einmal, rein historisch betrachtet, eine Mißdeutung dessen, was wirklich geschieht, diese Zuwendung des jungen Thomas zu Aristoteles so zu sehen, als sei da einfachhin ein „Aristotelismus" in Gang gekommen und als sei Thomas „Aristoteliker" geworden. Diese Vorstellung hat ein wirkliches Thomas-Verständnis jahrzehntelang geradezu blokkiert[70] – bis, in den letzten Jahren, sehr energisch der Finger darauf gelegt worden ist, daß auch Platon, auch Augustinus, auch der neuplatonische Dionysius Areopagita eine höchst wirksame Anwesenheit im Werke des heiligen Thomas besitzen, und zwar nicht allein eine Thomas selber unbewußte Anwesenheit. Thomas verteidigt Platon viele Male gegen Aristoteles, der in seiner Polemik oft nicht das von Platon eigentlich Gemeinte, nicht die *veritas occulta*[71] bedenke, sondern nur den äußeren Wortlaut, den *sonus verborum*.[72] Die Lehre von den Ideen, die Vorstellung der Schöpfung nach den im göttlichen Logos lebendigen Ur-Entwürfen[73] – dieses zentral Platonische hat Thomas niemals aufgegeben. Und man hat über siebzehnhundert Zitate aus Dionysius Areopagita im Werke des heiligen Thomas gezählt. – Dies ist verwunderlich nur für eine Vorstellungsweise, nach welcher die Geistesgeschichte so abläuft, daß die -ismen einander ablösen. Aber so geht es ja nicht zu. Platon zum Beispiel konnte, in der Geschichte des abendländischen Denkens, niemals durch Aristoteles „abgelöst" oder ersetzt werden;[74] der eine stand dem anderen, genau genommen, gar nicht im Wege. Gilson hat das überzeugend gezeigt. Die Begegnung des christlichen Abendlandes mit Platon, wie sie das erste Jahrtausend geprägt hat, ist von völlig anderer Struktur als die Begegnung mit Aristoteles. Die Begegnung mit Platon war eine Begegnung zweier religiöser Denkformen; die Begegnung mit Aristoteles aber war die Begegnung von Religion und Philosophie.[75]

Die Frage ist also, was für Thomas die Zuwendung zu Aristoteles bedeutet. – Es gibt bei ihm eine immer wieder variierte Kennzeichnung der aristotelischen Grundhaltung: Aristoteles weigere sich, von dem Sinnfällig-Wirklichen sich zu entfernen, sich abdrängen zu lassen von dem, was vor Augen liegt.[76] Und eben diese Grundhaltung ist es, die Thomas selber mit Vehemenz akzeptiert. Es ist die entschiedene Hinwendung zum Konkreten, zur erfahrbaren Realität der Welt; die sinnfälligen Dinge, die man sehen, hören, schmecken, riechen, anfassen kann, werden als etwas eigenständig Wirkliches genommen, als Realität eigenen Rechtes – nicht als bloßer Widerschein, Schatten, nicht als bloßes Symbol von etwas anderem, Unsichtbarem, Jenseitigem, Geistigem. Das Sichtbare und auch das Sehen, das sinnliche Gewahrwerden selbst, und die Kraft dieses Gewahrens – all das ist bejaht und anerkannt als etwas in sich selbst Gültiges; und das heißt: Die leibhaftige Welt der materiellen Wirklichkeit, auch *im* Menschen selbst, der Leib, die Sinne und das, was sie zu fassen bekommen – all das wird, auf eine bis dahin unerhörte Weise, ernst genommen.

Es lassen sich mehrere Gründe dafür nennen, warum damals der Weltaspekt des Aristoteles, vor allem seine Naturlehre, seine Lehre von der menschlichen Seele, seine Metaphysik, sich mit solcher unwiderstehlichen Dynamik durchgesetzt hat. Ein Grund ist natürlich die unmittelbar einleuchtende denkerische Überlegenheit dieses Mannes; wenn eine neue Einsicht hervortritt, die einfach die Phänomene besser erklärt und aufhellt, dann ist es nicht möglich, dieser Einsicht Widerstand zu leisten. Und Aristoteles ist ja nicht irgendein Autor, der Beachtliches zu sagen hat. Aristoteles ist diese wie eine Naturerscheinung elementar wirkende Denk-Energie, in deren Strahlungsfeld sich die Grundsachverhalte wie von selbst zu klären scheinen. Das ist immer wieder ausgesprochen worden. „Der Verstand in seiner höchsten Erscheinung" sagt Goethe.[77] Und John Henry Newman: „Er hat uns, bevor wir geboren wurden, gesagt, was unsere eigenen Worte und Ideen bedeuten. In vielen Dingen heißt ‚richtig denken' so viel wie ‚gleich Aristoteles denken'."[78] Es ist durchaus begreiflich, daß um 1200 im Abendland davon gesprochen werden konnte, Gott habe dem großen Griechen etwas von Seiner Weisheit mitgeteilt, ihn mit Wunderkraft ausgestattet und ihn schließlich in einer Säule von Licht wieder zu sich genommen.[79] Es braucht aber wohl nicht eigens gesagt zu werden, daß sich nichts von dieser Art bei Thomas findet! Thomas hat sich gerade *nicht* an dem üblich gewordenen „überschwänglichen Aristoteleskult"[80] beteiligt; Grabmann sagt, er habe bei Thomas überhaupt keine Werturteile über Aristoteles angetroffen;[81] eben diese Enthaltung freilich ist aristotelischer Stil.

Ein zweiter Grund für die Faszination, die das Werk des Aristoteles ausstrahlte, wurde schon andeutungsweise genannt. Im Schoße der abendländischen Christenheit des zweiten Jahrtausends bereitete sich etwas vor, das von sich aus dem Grundcharakter der aristotelischen Weltansicht verwandt war – so daß diese Affinität sich spontan durchsetzen mußte. Man hat dies in der westlichen Christenheit selbst Herangediehene als das „staufische" Lebensgefühl bezeichnet. Die ganze staufische Epoche sei, so ist gesagt worden, als Auflehnung zu verstehen gegen die alte augustinisch-kluniazensische Lehre von der Minderwertigkeit des Natürlichen und der Weltverachtung: „Die ganze höfisch-ritterliche Kultur und Dichtung gibt der Welt und dem Diesseits ihr Recht zurück."[82] In der gleichen Schrift heißt es, der aristotelische Weltgedanke des Thomas von Aquin sei geradezu „die nachträgliche philosophische Begründung für die Haltung, die staufische Dichtung und staufisches Lebensgefühl schon längst einnahmen"[83]. Das ist wahrscheinlich viel zu einfach, soweit es nicht schlichtweg falsch ist; „Weltverachtung" kann man der alten Christenheit nicht so ohne Einschränkung vorwerfen. Anderseits trifft es zu, daß Albertus Magnus, als schwäbischer Adliger, den Staufern stammesverwandt ist; und Thomas ist, wir haben davon gesprochen, gleichfalls dem staufischen Lebenskreise eng verbunden, durch seinen Vater und seine Brüder, die zu den Familiaren Friedrichs II. gehören. Aber wahrscheinlich muß man sagen, daß die Dichtung, das „Lebensgefühl" und die „Philosophie" gemeinsam in einem tieferen Grunde wurzeln, in einem Grunde, in welchem auch die religiösen Überzeugungen sich bilden. Vieles spricht für Chenus Vermutung, die besagt: Was Aristoteles den Geistern jener Jahrzehnte vor die Augen gebracht hat und was ihnen in seinem Werke vor allem und zunächst zu Gesicht kam, sei nicht so sehr die natürliche Vernunft gewesen, sondern die Natur, die natürliche Weltwirklichkeit.[84] Hierin liegt offenbar auch das die „Junge Generation" am stärksten Aufregende und Faszinierende. Es ist davon die Rede gewesen, daß die Universität Toulouse eine Zeitlang Studentenwerbung getrieben habe mit der Tatsache, daß in Paris verboten sei, was in Toulouse geduldet werde: das Aristotelesstudium. Nun, wir kennen den Text einer solchen Werbung; und darin ist gerade von der *Physik* des Aristoteles die Rede: „Die Bücher von der Natur, *libros naturales*, die in Paris verboten sind, kann hier jedermann hören, der den Willen hat, tiefer in das Innerste der Natur einzudringen."[85]

Thomas selbst wird es in seinem ersten großen Werk, in der *Summe wider die Heiden*, noch so ausdrücken: Die theologische Betrachtungsweise nehme das Feuer nicht „als solches", nicht sofern es Feuer ist, sondern sofern sich in ihm die Hoheit Gottes darstellt und sofern es in irgendeinem Sinn auf Gott bezogen ist.[86] (Dies ist, wie gesagt, eine *frühe* Kennzeichnung der Theologie bei Thomas; später wird er anders formulieren.) Solche Veruneigentlichung der natürlichen Welt mußte eines Augenblicks unerträglich werden; in einer Welt, die einzig von „Symbolen" bevölkert ist, läßt sich einfach nicht gesund und menschlich leben. Und um 1200 war es soweit, daß die Christenheit, aus einer sozusagen rein vitalen Reaktion heraus, schlichtweg dessen überdrüssig geworden war, die Welt so zu sehen und zu benennen. Die konkrete Wirklichkeit *unter* dieser Welt von Symbolen – das war es, was dem zwölften Jahrhundert fehlte.[87] Und nichts war erwartbarer, als daß sich, inmitten des christlichen Abendlandes selbst, diese unhemmbare Sehnsucht nach dem Metallischen und dem Widerständigen der „realen Realität" der Welt aufstauen mußte und daß ein gar nicht zurückzuhaltender, vielstimmiger und enthusiastischer Ruf der Zustimmung dem aristotelischen Weltgedanken antwortete, sobald er in Sicht kam. Ich sagte, hier begegneten einander Theologie und Philosophie – Philosophie so verstanden, wie Thomas sie gleichfalls in jenem Kapitel der *Summe wider die Heiden*[88] bestimmt, als eine Weise, die Dinge zu sehen, wie sie *in sich selber* sind, *secundum quod huiusmodi sunt*: das Feuer als Feuer und nicht als bloßes Symbol der göttlichen Hoheit. Es ist durchaus ein elementarer Ausbruch von „Weltlichkeit", die in diesem frühen Aristotelismus auf den Plan tritt – streitbar einerseits gegen den spiritualistischen Symbolismus, der bis dahin die Atmosphäre der christlichen Welt- und Lebenslehre bestimmt, und anderseits, das zeigt sich schon sehr bald, höchst natürlicherweise verbündet mit der Gefahr völliger Verweltlichung.

Dies also ist die Situation, die Thomas, um 1240, an der Universität Neapel antrifft, oder vielmehr: in die mittenhinein zu springen er gar nicht unterlassen kann. Und das Großartige ist, daß er es fertigbringt, diese herzhafte Weltlichkeit zu verknüpfen mit der Radikalität des Evangelischen, die von sich aus doch eher die Tendenz zur Weltverneinung, mindestens zur Unweltlichkeit hat. – Der Vorwurf der Weltlichkeit ist dann auch sehr bald erhoben worden von seiten der traditionellen Christlichkeit: „Göttliche Weisheit maßen sie sich an, obwohl sie sich doch auf das Weltliche viel besser verstehen" – so heißt es in einer Streitschrift gegen Thomas und Albertus. Worauf Thomas die Antwort gegeben hat: „Offenkundig falsch ist die Meinung derer, die sagen, es sei – im Hinblick auf die Wahrheit des Glaubens – völlig gleichgültig, was einer über die Schöpfung denke, wofern er nur über Gott die rechte Meinung habe: Ein Irrtum über die Schöpfung aber wirkt sich aus in einem falschen Denken über Gott."[89] In einem solchen Satz wird deutlich, daß Thomas nicht aus einem bloß vitalen Impuls heraus reagiert, so sehr auch das „staufische Lebensgefühl" bei ihm mit im Spiel gewesen sein mag. Es ist nicht der „ritterliche" Mensch, der die symbolische Entwirklichung der sinnlichen Welt unerträglich findet, sondern es ist der *Theologe* Thomas, der sich für die Weltlichkeit entscheidet, wie sie im Werke des Aristoteles zutage tritt. Das eigentlich Erregende an dieser Entscheidung ist die Begründung, die Thomas ihr gibt. In seiner Zuwendung zu Aristoteles geschieht ein Wiedererkennungsvorgang; es wird nicht etwas Fremdes, Griechisches, „Heidnisches" „rezipiert". Thomas erkennt in der Welthaltung des Aristoteles, in der Bejahung des Konkreten und der sinnfälligen Weltwirklichkeit etwas ganz und gar Eigenes und Zugehöriges wieder, etwas von Ur-Anfang Christliches, nämlich, abkürzend gesagt, das Element der christlichen Schöpfungsbejahung. Hiervon, daß also die Aristotelesrezeption des dreizehnten Jahrhunderts nicht das bloße Resultat „einer Wahl zwischen konkurrierenden Philosophien" ist, sondern ein theologischer Akt, das Werk einer Theologie im vollen Besitz ihres Glaubens,[90] allerdings auch einer noch nicht zur bloßen Fachwissenschaft gewordenen Theologie, die eifersüchtig ihre Zuständigkeit abgrenzt; das Werk einer Theologie, die noch nicht abgetrennt ist von der Welt, ihren Bedingungen, ihren Perspektiven, ihren Verfahrensweisen, ihrer Kultur,[91] hiervon muß später noch gesprochen werden. An diesem Punkt unserer Überlegungen kommt es zunächst nur darauf an, möglichst lebendig zu realisieren, was es bedeutet, daß sich Thomas, noch als junger Mensch, mit diesen beiden, dem ersten Blick kaum vereinbar scheinenden Entscheidungen (für das „Evangelium" und für „Aristoteles") denkerisch wie existentiell ein Fundament schafft, auf dem später das Ordnungsgefüge der christlichen Weltdeutung Platz hat, das bis heute von unerschöpfter Aktualität ist. Beide Entscheidungen haben für Thomas die Bedeutung der Lebenswende gehabt. Und beide Entscheidungen sind für ihn bestimmend geblieben bis zum Tode. Noch in den letzten Lebensjahren, 1270, veröffentlicht er eine Streitschrift für das evangelische Ideal des Ordenslebens. Mit der Kommentierung der Schriften des Aristoteles beginnt er erst im letzten Lebensjahrzehnt (um 1266); und als er schließlich aufhört zu schreiben, bleiben auch einige Aristoteleskommentare unvollendet liegen.

Es ist noch einiges zu sagen zur deutlicheren Präzisierung dessen, was diese lebenslange Zitierung und Kommentierung des Aristoteles bedeutet. Sie bedeutet nicht, daß Thomas den Aristoteles einfachhin als Autorität betrachtet habe. Erst recht trifft die in historischen Darstellungen übliche Rede von „Einflüssen" und „Abhängigkeiten" am Phänomen vorbei. Was aber sollen die Tausende von Aristoteles-Zitaten im Werke des heiligen Thomas bedeuten (in den ersten zwölf Quästionen der *Summa theologica* gibt es fünfundfünfzig Aristoteles-Zitate) – was soll dies sonst bedeuten, wenn nicht, daß Aristoteles ihm als Autorität gilt? – Ein Zitat kann zweifellos mehreres bedeuten.[92] Es kann, etwa wegen des besonderen Glanzes der Diktion, bloße Ausschmückung sein; es kann historisch gemeint sein. Keine dieser beiden Bedeutungen kommt in Betracht, wenn in der kommunistischen Welt Karl Marx zitiert wird (obwohl es auch hier unendlich viele Nuancen gibt: Selbstschutz, Tarnung, Irreführung, Provokation). Durchschnittlich wird, in diesem Raum, Karl Marx zitiert als Autorität; was besagt: Etwas gilt, weil Marx es gesagt hat. Nun gut, in solchem Sinn wird

Aristoteles bei Thomas nicht zitiert. Was aber besagt dann – so könnte man fragen – die ständig wiederkehrende Formel: „wie der Philosoph (Aristoteles) sagt“ oder *sicut patet per Philosophum*? Heißt das etwa *nicht*: „Er“ hat's gesagt, und also ist es wahr? Nein, das heißt es nicht! *Sicut patet per Philosophum* heißt: wie es deutlich gemacht worden ist durch Aristoteles. Nicht weil es Aristoteles ist, der es sagt, sondern weil es einleuchtend gemacht worden ist (durch Aristoteles – das ist freilich nicht zufällig), darum gilt es. Es gilt, weil es wahr ist. Wer auf solche Weise zitiert, zitiert, genau genommen, nicht eine Autorität; er bindet sich nicht an den Autor. Er läßt sich allerdings auch nicht hindern, einen Autor zu zitieren, wenn ihm dieser Autor recht zu haben und das Wahre auf eine musterhafte Weise auszusprechen scheint. Er nimmt sich die Freiheit, dem zuzustimmen, der ihm die Wahrheit zu sagen dünkt. Ich leugne nicht, daß es auch bei Thomas viele Aristoteles-Zitate gibt, die nur als Ornament gemeint sind oder auch als Bestätigung für die eigene Darlegung. Was ich jedoch zu behaupten wage, ist dies: Niemals meint Thomas ein Aristoteles-Zitat so, daß die Aussage deswegen gültig sei, weil sie von Aristoteles stamme. – Nicht nur hat Thomas sich viele Male gegen eine aristotelische Meinung gestellt; nicht nur hat er niemals angenommen, die Lehre des Aristoteles sei schlichthin vereinbar mit der christlichen Lehre – (solche Meinungen gab es unter den mittelalterlichen Aristotelikern sehr wohl; Thomas selbst spricht von ihnen durchaus polemisch: „diejenigen, die sich vergeblich bemühen, zu beweisen, Aristoteles habe nichts gegen den Glauben gesagt […]“[93]) – nicht nur das. Thomas hat vielmehr bekanntlich, ganz allgemein, das Autoritätsargument das schwächste aller Argumente genannt;[94] auf Grund von Autorität etwas beweisen wollen heißt nichts beweisen.[95] Diese Sätze sind allerdings unvollständig zitiert. Das Autoritätsargument ist, nach Thomas, das schwächste Argument, sofern es sich stützt auf *menschliche* Erkenntnis; sofern es sich stützt auf göttliche Offenbarung, ist es von höchster Kraft.[96] Thomas erkennt also sehr wohl eine Autorität an, deren Wort deswegen gilt, weil es aus dieser Quelle stammt – ob wir nun seine Wahrheit und Gültigkeit nachprüfen können oder nicht. Alle wahre Tradition führt sich auf diese übermenschliche Quelle zurück; das *traditum*, das Überlieferte, gilt, *weil* es letztlich auf die Rede Gottes zurückgeht.[97] Gerade diese Anerkennung aber einer absolut gültigen Autorität und einer absolut gültigen Tradition, gerade diese Bindung macht frei und unbefangen gegenüber den sonst geschichtlich antreffbaren „Traditionen“ und Autoritäten, ob diese nun Aristoteles heißen oder Marx oder Heidegger oder Thomas. Philosophische Argumente, so sagt Thomas[98], gelten „nicht wegen der Autorität derer, die so sagen, sondern wegen der Begründung des Gesagten“, *non* [...] *propter auctoritatem dicentium, sed propter rationem dictorum.*

Hiermit hängt noch etwas anderes eng zusammen: daß es nämlich Thomas in seiner lebenslangen Aristoteles-Interpretation letztlich nicht um diesen historischen Autor Aristoteles zu tun ist und auch nicht um eine historisch genau zutreffende Wiedergabe seiner Lehre. Diese letzte Formulierung bedarf sogleich einer Abwehr möglicher Mißverständnisse. Thomas hat sich, auf eine im dreizehnten Jahrhundert völlig ungewöhnliche Weise, darum bemüht, die wirkliche Meinung des Aristoteles zu ermitteln; und es läßt sich mit guten Gründen die Behauptung verteidigen, daß seine Aristoteles-Kommentare bis heute zu den wenigen wahrhaft kongenialen, die Lehre des Aristoteles wirklich aufschließenden Kommentaren gehören – trotz der mäßigen Übersetzungen, auf die Thomas angewiesen war, und obwohl er selbst kaum des Griechischen mächtig war, und obwohl er, im Falle der *Metaphysik*, keine Ahnung davon hatte, daß dies nicht ein einheitlich geplantes Buch aus einem Guß ist, sondern ein Konglomerat aus sehr verschiedenartigen Stücken. Dennoch, die letzte Absicht der Aristoteles-Interpretation des heiligen Thomas zielt über Aristoteles hinaus. „Er hält sich, das ist wahr, an seinen Text, und ihn will er verstehen – aber nicht, um sich als Gelehrter in der historischen Rekonstruktion eines vergangenen Systems zu gefallen, sondern um darin einen Zeugen für die Wahrheit zu finden.“[99] Was also

Thomas an Aristoteles interessiert, das ist nicht Aristoteles, sondern die Wahrheit. Ihn interessiert nicht primär, „was andere gedacht haben", so hat er selbst es formuliert, und zwar in einem Aristoteles-Kommentar[100], der doch offenbar eben darauf zielt, herauszufinden, was Aristoteles gedacht hat. Dennoch, letztlich interessiert ihn nicht, was Aristoteles gedacht hat, „sondern wie die Wahrheit der Dinge sich verhält"[101]. Selbstverständlich heißt das nicht, daß Thomas es für möglich oder erlaubt gehalten hätte, die wirkliche Meinung des Aristoteles, etwa wo sie der christlichen Lehre widerspricht, zu fälschen oder auch nur zu verschweigen. Auch dies ist, zum Beispiel von Bonaventura[102], im Ernst vorgeschlagen worden: Wegen seines großen Einflusses solle man das Falsche verschweigen, das Aristoteles etwa lehre. Demgegenüber hat Thomas folgendes vertreten: Wir werden sagen, daß Aristoteles genau das lehrt, was er lehrt; aber wir werden uns vergewissern, ob er es wirklich lehrt, und vor allem werden wir aus der bloßen Tatsache, daß er es gelehrt hat, nicht folgern, daß es wahr sei. „Auch wenn sie der Wahrheit widerstreitet, soll die *intentio Aristotelis*, das von Aristoteles Gemeinte, nicht verheimlicht werden", so sagt er[103] – und er fügt noch hinzu: „Übrigens sehe ich nicht ein, was es mit der Glaubenslehre zu tun haben soll, wie man die Sätze des Philosophen interpretiert." Niemals allerdings würde Thomas der Formulierung zustimmen, die ein anderer, im genauen Sinn als „Aristoteliker" zu bezeichnender Mann gebraucht, ein Zeitgenosse und Kollege des Thomas an der Universität Paris, Siger von Brabant: Man müsse „mehr darauf aus sein, die Meinung der Philosophen zu ermitteln als die Wahrheit"[104]. „Rein historisch interessieren sich die mittelalterlichen Philosophen [...] nicht für die griechische Philosophie [...]. Der historische Aristoteles: das ist eigentlich nur jene Wahrheit, die er selbst aus seinen Prinzipien herausgelesen hat, und nicht auch jene Wahrheit, die seine Prinzipien überhaupt zu tragen vermögen. Der historische Aristoteles: das ist der Aristoteles mit all seiner Größe, aber auch mit seinen Grenzen. Dasselbe gilt von Platon. Die mittelalterlichen Philosophen hingegen wollen von ihnen all das und nur das wissen, was wahr ist. Wo ihre Wahrheit noch nicht vollständig ist, fragen sie sich, wie sie es werden kann."[105]

Der Abstand, der diese Haltung trennt von dem, was wir heutigentags durchschnittlich praktizieren und was wir im Umgang mit den „Quellen" sogar für allein möglich und verantwortbar halten – dieser Abstand hat eine gerade den Lernenden sehr unmittelbar angehende Bedeutung. Wer Thomas fragt, wie es sich verhalte, der bekommt eine Antwort, aus der deutlich zu entnehmen ist, was er, Thomas, selbst für Wahrheit hält, sogar dann, wenn er mit einem Aristoteles-Zitat antwortet. Wenn man aber uns fragt, wie es sich verhalte, so antworten wir mit historisch genau belegten Zitaten, aus denen mancherlei hervorgehen mag, zum Beispiel unsere beachtliche Belesenheit, nur eines nicht: was nämlich wir selber für Wahrheit halten.

V

Aristoteles also ist von Thomas nicht primär als historischer Autor gemeint, genauso wenig wie Augustinus oder Dionysius Areopagita. Sie sind gemeint als Zeugen der Wahrheit, die sich ihm selbst, Thomas, wie auch, nach seiner Absicht, dem Leser (nicht allein der *Summa theologica,* sondern auch der Aristoteleskommentare) als sie selber zeigen und sich kraft ihrer eigenen Sach-Argumente als gültig erweisen lassen muß. „Wenn der Lehrende eine Frage mit bloßen Zitaten beantwortet, *nudis auctoritatibus,* dann wird der Hörende mit leeren Händen davongehen, *auditor* [...] *vacuus abscedet.*“[106] Sofern es sich um Philosophieren handelt, interessiert nicht primär ein historischer Autor, und heiße er Aristoteles; primär interessiert die Wahrheit der Sachen. So blickt also Thomas zwar auf den aristotelischen Text, den er ja in riesigen Kommentarwerken zu interpretieren unternimmt; aber er blickt zugleich auf etwas, das jenseits des historischen Aristoteles liegt. Und genauso verfährt Thomas mit Augustinus. Es gibt nur einen einzigen Text, dem er auf andere Weise begegnet: die Heilige Schrift, die, als göttliche Rede, absolute Autorität besitzt und der denkbar höchste Ausdruck der Sach-Wahrheit selber ist. Was „hinter“ Aristoteles und Augustin als das eigentlich Interessierende gesucht wird, die Wahrheit der Dinge, ebendies ist *in* der Heiligen Schrift selber eingekörpert – womit Thomas nicht schon sagt, es sei leicht, den Sinn dieser im Offenbarungsdokument vernehmlich gewordenen Rede Gottes zu fassen.

Als Thomas sich selbst einmal einen Augustinus-Text als kompakten Einwand in den Weg des eigenen Denkens wirft[107], formuliert er, in der historisch wie dialektisch mit äußerster Intensität durchgeführten Antwort, sein doppeltes Anliegen in einem einzigen Satz: *„ut profundius intentionem Augustini scrutemur et quomodo se habeat veritas circa hoc“.* Einerseits will er sich nicht zufrieden geben mit dem wortwörtlich Gesagten, er fragt hinter den Text zurück nach der tiefer zu erfassenden *intentio* des Autors; anderseits und vor allem aber will er die Wahrheit in dieser Meinung des Autors fassen. In diesem besonderen Fall geht es dann so zu, daß Thomas die zunächst von seiner eigenen Meinung völlig verschieden scheinende These Augustins bis in eine Tiefendimension zurückbegleitet, in welcher sich zeigt, daß die Unterschiede ihre Wichtigkeit verlieren. Sie werden nicht verwischt; aber: *non multum refert*, „es macht nicht viel aus", ob man wie Augustin antwortet oder wie er, Thomas, selbst.

Solche Befassung mit Augustin oder mit Aristoteles aber, die primär nicht die historischen Autoren meint, sondern die Wahrheitszeugen, möglicherweise geniale Zeugen, die aber dennoch nicht schon „die Wahrheit" selbst sind – solche in gewissem Sinn „unhistorische" Befassung ist aber zugleich die geschichtlich wahrhaft fruchtbare und weiterwirkende. Durch sie nämlich bleibt der Impuls, der den historischen Augustin oder Aristoteles selber in Gang gebracht und in Gang gehalten hat, präsent – während die ausschließlich historische Befassung stets in der Gefahr ist, den zur Diskussion stehenden Text oder Autor aus dem Raum der unmittelbar lebendigen geistigen Aktualität hinauszubringen in den Bereich des Musealen, des nur noch historisch Interessanten.

Ohne Thomas wäre Aristoteles unserem Verständnis verstummt, *sine Thoma mutus esset Aristoteles*: So hat man zu Beginn der Neuen Zeit, die ja mehr durch das eigentlich historische Verhältnis bestimmt sein wird, immerhin noch gesagt.[108] Und damit ist etwas Aktuelleres gesagt, als es vielleicht dem ersten Blick scheint. Wer will sagen, ob wir heute etwas von Aristoteles wüßten, ob wir ihn verstünden, ob wir unmittelbar Anteil zu gewinnen vermöchten an seiner wirklichkeitsaufhellenden Kraft, wenn es nicht die primär auf Wahrheit gerichtete Aristotelesrezeption des Hochmittelalters gegeben hätte! „Das Mittelalter ist den Griechen zu unermeßlichem Dank verpflichtet – jeder spricht davon; aber das Griechentum ist dem Mittelalter ebenso verpflichtet – und davon spricht niemand."[109]

Das Problematische, das in solcher unhistorischen Befassung mit historischen Erscheinungen steckt, soll beileibe nicht bagatellisiert werden. Nur darf man nicht meinen, ein Mann wie Thomas habe aus einer unkritischen, eben „mittelalterlichen“ Naivität heraus die individuell-geschichtliche Prägung Augustins oder auch des Aristoteles nicht bemerkt; nein, sie war ihm auf Grund einer sehr prinzipiellen Stellungnahme weniger wichtig als die Frage, wie es sich mit der Wahrheit des Gesagten verhalte. Daß Thomas die Fähigkeit zu historischer Kritik in einem unter seinen Zeitgenossen durchaus ungewöhnlichen Maß besessen hat, ist mehr als einmal an den Tag getreten. Der im Mittelalter berühmte *Liber de causis* galt so lange allgemein als ein Werk des Aristoteles, bis Thomas, auf Grund literarkritischer Überlegungen[110], entdeckt hat, daß es sich um einen Auszug aus Proklos handelt. Und ein Mann, der mitten im dreizehnten Jahrhundert über die damals gängigen astronomischen Theorien sagt: Wenn auf solche Weise auch die Erscheinungen erklärt werden könnten, so folge daraus noch nicht die Wahrheit dieser Theorien; denn möglicherweise könnten die gleichen Erscheinungen auf eine ganz andere, den Menschen noch unbekannte Weise, *„secundum [...] alium modum nondum ab hominibus comprehensum“*, gleichfalls erklärt werden[111] – ein solcher Mann kann nicht gerade unkritisch genannt werden.

Noch eine kurze Schlußanmerkung zum Thema „Thomas und Aristoteles“ ist vonnöten. Ich sagte, Thomas habe im Weltaspekt des Aristoteles nicht etwas Fremdes akzeptiert, sondern etwas Eigenes wiedererkannt. Dies gilt auch in dem Sinne einer tiefreichenden Wesensverwandtschaft zwischen den beiden Denkern. Diese Affinität aber erklärt etwas, das sonst kaum verständlich wäre: daß nämlich Thomas die wirkliche Meinung des Aristoteles mit untrüglicher Witterung sogar dann zu erfassen vermag, wenn der ihm vorliegende Text undeutlich oder verderbt ist.[112] (Thomas selbst hat die so modern scheinende Unterscheidung durchgeführt:[113] Es gebe zwei Grundgestalten von Erkennen, einerseits das Erkennen auf Grund von Wesensverwandtschaft, *per connaturalitatem*, so wie man das Geliebte und das Eigene erkennt; der Fremde versteht nichts, oder er mißversteht, aber der in Liebe und Wesensverwandtschaft Verbundene weiß unmittelbar und mit absoluter Sicherheit, was, in einem Briefbruchstück oder in einem nur undeutlich gehörten Zuruf, gemeint ist. Und *anderseits* gebe es, sagt Thomas, das *cognoscere per cognitionem,* ein Erkennen des Fremden, ein abstraktiv-begriffliches, mittelbares Erkennen des bloßen Objekts.) Dennoch dispensiert sich Thomas, trotz solch offenkundiger *connaturalitas* zu Aristoteles, nicht davon, ein Äußerstes an Akribie auf die Deutung des Wortlauts zu verwenden – worin er sich beträchtlich von dem in diesem Punkt viel unbekümmerteren Albertus Magnus unterscheidet, dessen Vertrauen auf die natürliche Affinität zu Aristoteles ihn manchmal zu höchst unerlaubten, geradezu ausschweifenden Interpretationskühnheiten verleitet. Albertus macht gelegentlich geradezu den Anspruch, zu wissen, was Aristoteles über bestimmte Fragen gesagt haben würde, wenn er sich dazu überhaupt geäußert hätte; es heißt wörtlich so bei Albert: „Wir werden sogar die fehlenden Teile seiner unvollendeten Bücher ergänzen – ob sie nun deswegen fehlen, weil Aristoteles sie nicht geschrieben hat oder weil sie nicht auf uns gekommen sind."[114] Niemals würde sich Thomas so etwas erlauben.

Geprägt also durch diese beiden Entscheidungen, den Eintritt in den Predigerorden und die Zuwendung zu Aristoteles, kommt der zwanzigjährige Thomas, um 1245, nach Paris. Er war bereits, als er Monte Cassino verlassen mußte und nach Neapel kam, aus der Abgeschiedenheit endgültig in die Unruhe der Kampfzone geraten: in die Stadt und an die Universität. Aber Neapel war doch nur ein Vorspiel gewesen. Paris ist nicht nur „eine" Stadt, Paris ist „die Hauptstadt der Christenheit"[115]. Und die Pariser Universität ist, obwohl nicht die früheste, dennoch längst die wichtigste aller Hohen Schulen des Abendlandes geworden. Natürlich ist es im Rahmen dieser Vorlesungen schlechterdings unmöglich, auch nur in den Grundzügen eine Gesamtcharakteristik des Phänomens *Universität* zu geben oder gar seine Geschichte zu erzählen. Immerhin müssen einige wichtige Punkte in die Erinnerung gebracht werden.

Punkt *eins*: Die Universität, als Körperschaft verstanden (der Name *universitas*, zum ersten Mal genannt in einer Papsturkunde von 1208/09[116], hat zunächst eine soziologische, dann allerdings sehr bald auch eine „geistige" Bedeutung: Die soziologische Bedeutung besagt den Zusammenschluß, die Vereinigung, die „Zunft", die Gesamtheit, die öffentlich-rechtliche Körperschaft der Lehrenden und der Studenten; die zweite Bedeutung ist gleichfalls schon sehr früh in Kraft: *universitas litterarum*, Totalität, rundumfassende Gesamtheit der Wissenschaften, vor allem der vier Fakultäten Theologie, Philosophie (artes), Jurisprudenz, Medizin) – die Universität als Körperschaft verstanden ist *keine hierarchische Einrichtung*.[117] Die Universität ist zwar eine mit kirchlich relevanter Vollmacht ausgestattete Institution. Und natürlich hat der Papst durch seinen Kanzler starken Einfluß, besonders im Falle der Universität Paris (es ist falsch, hier von „Einmischung" zu reden; der Papst ist in gewissem Sinn einfachhin *chez lui*[118], in seinem eigenen Hause; auf päpstlichen Privilegien beruht ja die Unabhängigkeit der Universität von den lokalen und regionalen politischen Gewalten). Dennoch ist die Universität nicht ein dem hierarchischen Gefüge der Kirche einfachhin eingegliedertes Organ, wie etwa ein Domkapitel oder ein Orden. Dies ist etwas Neues im Abendland, und es wird etwas unterscheidend Abendländisches bleiben, etwas die westliche Christenheit Kennzeichnendes. Der christliche Osten, die Ostkirche, kennt so etwas nicht. Dort ist es von Anfang an undenkbar gewesen, daß es eine Körperschaft geben könnte wie die Gesamtheit der *magistri* der theologischen Fakultät, welche eine zwar schwer zu fassende und zu umschreibende, aber doch sehr konkret sich auswirkende Autorität in Sachen der christlichen Lehre besitzt, ohne klar in die kirchliche Hierarchie eingefügt zu sein. Eine konfliktschwangere Sache von Anfang an. Aber es ist die gleiche Explosivität, die schon in dem Unternehmen „Scholastik" steckt und die insgesamt den abendländischen Geist unterscheidend kennzeichnet. – Übrigens gibt es diese Autorität der *magistri* schon, bevor von einer Universität im präzisen Sinn die Rede sein kann. Als zum Beispiel der englische König Heinrich II. sich nicht einigen kann mit Thomas Becket, dem Erzbischof von Canterbury, da schlägt er vor, den Streit der Gemeinschaft der Pariser *magistri* vorzulegen. Das ist 1169 – ein Menschenalter vor der formellen Gründung der Universität Paris.

Punkt *zwei*: Die mittelalterliche Universität ist ihrem Wesen nach eine *gesamt*-christenheitliche Einrichtung, tatsächlich zwar im Regelfall beschränkt auf das Abendland, aber prinzipiell offen für die ganze Christenheit. Doch ist auch dies schon bedenkenswert genug, zumal im Vergleich mit der heutigen Universität: ob einer in Oxford, Bologna, Paris, Toulouse, Köln oder Neapel studiert oder lehrt – immer befindet er sich, ohne irgendwelche Sprach- oder Verständigungsschwierigkeiten, in dem einen geistigen Raum des christlichen Abendlandes. Dies ist natürlich beileibe nicht ein bloß der politisch-gesellschaftlichen Ordnung angehörendes Faktum.

Punkt *drei*: Die mittelalterliche Universität steht im Fluidum des *städtischen* Lebens. Auch diese zunächst rein soziologische Tatsache bestimmt die Struktur der geistigen Vitalität. Chenu sagt: Die „Anselm-Schüler" haben sich in „Abälard-Schüler" verwandelt.[119] Die Schüler Anselms, obwohl schon sie von ihrem Prior verlangen, er möge ihnen eine Gotteslehre schreiben, in der kein einziges Argument aus der Bibel entnommen sein soll, sind Novizen, Klosterschüler, in der Abgeschiedenheit des Seine-Tales lebend, genährt von der auf Grundbesitz gegründeten Abtei Le Bec. Die Abälard-Schüler – das ist ein völlig anderer sozialer Typ; es sind die Sänger der *Carmina burana* (sozusagen); es sind Wandervögel, die von einer städtischen Universität zur anderen ziehen, sich zu Landsmannschaften frei zusammenschließen, die Bürger der Stadt und manchmal auch die Professoren terrorisieren – und so fort. Entscheidend ist das Städtische, das sich durch eine neue Weltlichkeit, durch eine betonte Unabhängigkeit vom Feudalherrn, durch ein neues Freiheitsgefühl konstituiert. – Seit Anfang des dreizehnten

Jahrhunderts kommt alles Schrifttum im Bereich der Theologie und Philosophie nicht mehr aus den Abteien und den Klosterschulen – obwohl es ja die alten Orden noch immer gibt und obwohl dort, selbstverständlich, auch damals immer wieder einmal ein meisterliches Werk entsteht. Aufs Ganze gesehen aber stammt von nun an die wissenschaftliche Literatur aus dem Raum der Universität. Und wenn die alten Orden den Versuch unternehmen, ihre Studien auf die Höhe der Zeit zu bringen, dann müssen sie den Kreuzgang verlassen.[120] In dem Jahre, in welchem Thomas in Paris ankommt, gründet der Abt von Cîteaux in dieser Stadt ein Kolleg für seine Mönche; und die Benediktiner folgen ihm darin bald. – Anderseits hängt offenbar die frühe Anwesenheit der Bettelmönche an den Universitäten unmittelbar zusammen mit der anderen Tatsache, daß diese jungen Orden, als Gemeinschaften von Predigern, nur in der Stadt leben wollen und übrigens auch nur dort leben können (es hat nicht allzuviel Sinn, in den Wäldern zu betteln!). Anderseits: „Man könnte sogar behaupten, daß allein der Bettel den Zutritt zu den großen Städten eröffnete."[121]

Diesen drei Kennzeichnungen der mittelalterlichen Universität überhaupt (Mittelstellung zwischen kirchlicher Hierarchie und frei wachsender Gesellschaft; Charakter einer Bildungsstätte für die ganze abendländische Christenheit; Prägung durch die Stadt) – diesen drei Kennzeichen muß noch ein vierter Punkt hinzugefügt werden, der die Universität Paris im besonderen betrifft.

Die Pariser Universität wurde, wie gesagt, schon bald nach ihrer Gründung, um 1200, die wichtigste Universität im Abendland. So etwas pflegt vielerlei Gründe und Ursachen zu haben; und es lassen sich keineswegs alle „ableiten" oder auch nur namhaft machen. Jedenfalls aber ist die Pariser Universität unter anderem deswegen zur repräsentativen mittelalterlichen Universität geworden, weil sie am reinsten und radikalsten auf die Wissenschaften gegründet war, die von sich aus „universal" sind: auf Theologie und Philosophie. Keine Einzelwissenschaft stellt formell die Frage, wie es sich mit der Wirklichkeit im Ganzen verhalte. Die Theologie aber und die Philosophie können nicht nur diese Frage nicht vermeiden; sie werden durch sie geradezu konstituiert. So ist es nicht im mindesten verwunderlich, daß der Charakter der *universitas litterarum* sich ursprünglich weder in Bologna rein realisiert hat, wo die Jurisprudenz im Mittelpunkt des Studien- und Lehrbetriebes stand, noch in Salerno, wo die Heilkunde diese Stelle einnahm. Auch von Oxford, wo von Anfang an die empirische Naturwissenschaft und die Mathematik herrschend gewesen sind, kann dies nicht ohne Einschränkung gesagt werden. Von Paris aber wissen wir, daß *die* beiden Kristallisationspunkte des Universitätslebens Theologie und Philosophie gewesen sind. Merkwürdigerweise haben sie so sehr die gesamte Atmosphäre bestimmt, daß sogar ein Element, das man in dieser Stadt für unausrottbar halten möchte, das Musische, erloschen zu sein scheint. (1241 beklagt eine Art Studentenspiegel ausdrücklich das Verstummen der Musen in Paris.)[122] Der paradigmatische Charakter also der Universität Paris des dreizehnten Jahrhunderts hat sich realisiert in der philosophisch-theologischen Weltbetrachtung. Es gibt, so sagt Denifle[123], im Mittelalter keine einzige Summa, keine formell das Totum der Welt ins Auge fassende Wirklichkeitslehre, die nicht auf Paris zurückweist. Und es ist, glaube ich, kein bloßer Lokalpatriotismus, wenn das mittelalterliche Paris sich selbst verstanden hat als ein neues Athen. Ich möchte bis auf weiteres auch bei der Meinung bleiben, daß diese Kontinuität – sagen wir: von Platon zu Thomas von Aquin – nicht eine ungeschichtliche Konstruktion und daß die Vorstellung der *translatio studii*, der Übertragung des Studiums aus der Stadt der platonischen Akademie in die Stadt der paradigmatischen mittelalterlichen Universität, nicht eine bloße Fiktion ist.[124]

An die Pariser Universität also kommt, um 1245, der zwanzigjährige Thomas von Aquin, zunächst als Lernender. Später wird er selbst, als einer ihrer größten Lehrer, den universalen Charakter dieser Hohen Schule des christlichen Abendlandes auf musterhafte Weise repräsentieren.

VI

Die Entscheidung für die evangelische Vollkommenheit einerseits, für die aristotelische Philosophie anderseits hatte Thomas zwar vermutlich in reflexiver Wachheit vollzogen, sehr wohl wissend, was er tat; sie war der Ausfluß *einer* einheitlichen Wirklichkeitsansicht. Die aber blieb erst noch zu klarer Formulierung zu bringen, zu der Formulierung der Einheit von theologischer und philosophischer Weltbetrachtung.

Wenn aber dies die Aufgabe war, der Thomas sich zu stellen hatte: die Begründung der Form-Einheit einer aufs äußerste „theologischen", nämlich biblischen, Theologie und einer gleichfalls aufs äußerste „philosophischen" Philosophie – dann gab es im ganzen Abendlande keinen Ort, an dem der Zwanzigjährige günstigere Bedingungen für die eigene Entfaltung hätte antreffen können als an der Universität Paris. Hier fanden sich, wie nirgendwo sonst, die bedeutendsten Lehrer, die aggressivsten Partner, die an die Wurzel gehende Gegnerschaft, die Herausforderung, der schöpferische Widerstand, die unmittelbare Resonanz. Es ist nicht sehr übertrieben, wenn Chenu sagt, Thomas sei außerhalb der Pariser Universität überhaupt nicht vorzustellen: *Paris est son lieu naturel.*[125]

Nun aber ist zu berichten, daß die Universität Paris ihren späterhin gefeiertsten Lehrer sehr schlecht aufgenommen hat. Sie hat ihm die Aufnahme in den Lehrkörper verweigert, sie hat den Besuch seiner Antrittsvorlesung verboten – und so fort. Freilich ist zu sagen, daß diese Schwierigkeiten nicht eigentlich mit Thomas, mit seiner Person und seiner geistigen Position, etwas zu tun haben, sondern sie sind ein Glied in der Kette von Ereignissen, die in der Historie unter dem Namen „Mendikantenstreit" geführt werden.[126] Damit ist schon deutlich geworden, daß es sich um den Widerstand handelt, auf den die ersten Generationen der Bettelorden stoßen, einen Widerstand innerhalb der Christenheit, ja innerhalb der kirchlichen Hierarchie. In Paris hat die Auseinandersetzung zunächst den Charakter eines Streites um Lehrstühle; aber sie wird allmählich zu einem Streit um Lehren – worin sehr vielfältige Argumente und Motive wirksam werden.

Es ist ziemlich selbstverständlich, daß eine revolutionäre Bewegung, die sich entzündet hat an der Kritik des Bestehenden („so kann und darf es nicht weitergehen“ – dies etwa ist die Reaktion des Dominikus angesichts der von vornherein hoffnungslosen kirchlich-offiziellen Behandlung der südfranzösischen Bewegung der Katharer und Albigenser) – es ist gar nichts anderes zu erwarten, als daß eine Bewegung, die auf Veränderung des Bestehenden zielt, durch die ebendies Bestehende repräsentierenden Mächte nicht einfachhin willkommen geheißen wird. Und auch dies ist erwartbar: daß der Widerstand kräftiger werden wird, je erfolgreicher die revolutionäre Bewegung die „Junge Generation“ erfaßt (und dies war ja, im Fall der Bettelorden, auf eine erstaunliche Weise geschehen). Endlich aber pflegt es so zuzugehen, daß der Widerstand um so berechtigter wird, je mehr die ideale Reinheit des ersten Impulses der „Gründer“ schwindet oder getrübt wird, überflutet und unkenntlich gemacht zum Beispiel durch Fanatismus, oder auch durch die „Berufsrevolutionäre“, durch oberflächliches Mitläufertum, dem das Ausgefallene modisch imponiert.

Das Bestehende setzte sich jedenfalls gegen die Bettelorden sehr drastisch zur Wehr, höchst natürlicherweise. Chesterton schreibt, man müsse sich die Schockierung einer vornehmen Familie durch den Eintritt des Sohnes in einen Bettelorden etwa so vorstellen wie bei einer „unmöglichen“ Heirat („ich habe eine Zigeunerin geheiratet“); aber nun kamen, wie wir sehr zuverlässig wissen, zahllose Söhne gerade adliger Familien mit dieser „Zigeunerin“ nach Haus. Erst recht widersetzte sich das Bestehende in Gestalt der überkommenen Institutionen, vor allem der kirchlichen Hierarchie des Weltklerus – und zwar aus sehr kompakten und keineswegs von vornherein verächtlichen Gründen.

Man muß sich daran erinnern, daß Dominikus, unmittelbar nach der formellen Anerkennung seiner Gemeinschaft, den

Konvent, der sich in Toulouse zusammengefunden hat, auflöst und die Predigerbrüder in kleinen Gruppen in alle Welt hinausschickt, buchstäblich als Bettler – allerdings zugleich in der konsequent verfolgten Zielsetzung, sie auf Grund einer hervorragend fundierten theologisch-philosophischen Bildung fähig zu machen, die geistigen Auseinandersetzungen der Zeit aus überlegener Kenntnis zu führen. Er schickt seine Mitbrüder daher vor allem in die Universitätsstädte, ja an die Universitäten. Die Anfänge in Bologna und auch in Paris sind so kläglich, daß es gelegentlich scheint, der Plan lasse sich überhaupt nicht durchführen. Im Falle des Pariser Konvents greift der Papst selbst ein. Und zwar wendet er sich nicht an den Bischof, sondern an die Universität als solche: Man möge den Predigerbrüdern eine Kirche oder ein Kloster zur Verfügung stellen. Es findet sich ein Professor der Theologie, Jean de Barrastre, der ihnen, etwa ein Jahr nach der Ankunft der ersten Dominikaner, ein von ihm erbautes Hospiz, St. Jacques, überläßt. Die kleine Gemeinschaft der Predigerbrüder in Paris ist der Universität gegenüber eine studentische Korporation, rechtlich eingegliedert der *universitas magistrorum et scolarium,* aber dem Klerus und dem Stadtbürgertum gegenüber ein Konvent von Ordensleuten, die unter ihrer Regel leben und Chordienst tun, also ein Konvent „regulierter Chorherren“. Alles scheint zunächst in bester Ordnung. Doch ist in diesem kleinen und harmlos scheinenden Kreise der Predigerbrüder jene ungeheure Dynamik lebendig, welche die Struktur des gesamten Kraftfeldes ihrer Umgebung notwendigerweise verändern muß. Sie geben sich mit Energie dem theologisch-philosophischen Studium hin; vor allem aber wollen sie öffentlich wirken – als Seelsorger, als Prediger, als Lehrende. Und zwar wollen sie das außerhalb des Rahmens der ordentlichen Kirchenverwaltung, was konkret heißt: unabhängig von der Pfarr-Organisation. Diese Unabhängigkeit ist ihnen zwar vom Papste her garantiert; die Bettelorden sind von ihrer Gründung her „exempt“, d. h. durch päpstliches Privileg herausgenommen aus der Jurisdiktion der ordentlichen lokalen Autoritäten und unmittelbar dem Papste unterstellt. Solch eine Konstruktion aber ist von Natur eine zweischneidige Sache; schon Bernhard von Clairvaux hat sie als Einrichtung heftig attackiert.[127] Das Positive ist die Möglichkeit, von der obersten Instanz her etwas für die Gesamtkirche Wichtiges durchzusetzen – gegen den Widerstand der institutionalisierten Bürokratie, gegen die natürliche Trägheit des Apparates und über seinen Kopf hinweg. Anderseits bedeutet Exemption unvermeidlicherweise Störung der Stabilität des normalen Ablaufs. Es kommt hinzu, daß die Zentral-Instanz weit weg und die Exempten also „weit vom Schuß" zu sein pflegen, so daß sie praktisch tun und lassen können, was ihnen gut dünkt.

Die rechtlich so verfaßten Predigerbrüder drängen also, ebenso wie die Franziskaner, mit ungeheurer Dynamik in die öffentliche Wirksamkeit; schließlich sind sie dafür gegründet worden. Aber niemand konnte ahnen, mit welcher unglaublichen Geschwindigkeit diese Gemeinschaften an Zahl und an geistiger Bedeutung wachsen würden. Im September 1217 kommen die ersten Dominikaner in Paris an, knapp ein Jahr nach der offiziellen Ordensgründung. Wieder knapp ein Jahr später, im August 1218, Gründung von St. Jacques. Im Frühjahr darauf trifft Dominikus bei einer Visitation bereits dreißig Mönche an. Fünf Jahre später hat sich ihre Zahl vervierfacht. Und die Neuhinzukommenden sind durchweg Magister und Scholaren der Universität. Die Dominikanergemeinschaft in Paris wächst aber nicht nur zahlenmäßig; sie wird zu einem geistigen Zentrum. Man strömt zu den Predigten. Thomas führt in einer Streitschrift den Einwand an, der offenbar (gegen die Aktivität der Dominikaner in der Glaubensverkündung) tatsächlich gemacht worden ist: Durch diese neue Art der Predigt würden die Bischöfe beim Volk der Geringschätzung preisgegeben, weil sie, die Bischöfe, nicht so predigten: *ergo talis praedicatio religiosorum pericu-losa est Ecclesiae Dei*[128], „also ist solcherart Predigen der Bettelmönche eine Gefahr für die Kirche Gottes." Worauf Thomas antwortet: Man soll niemanden hindern, etwas gut zu machen, bloß weil dann im Vergleich mit ihm die anderen geringgeschätzt werden; hindern soll man eher die, welche sich selbst der Geringschätzung wert machen.[129] Das sind ungewöhnlich scharfe Worte. Der Streit der Weltgeistlichen gegen die Bettelmönche ist in vollem Gange. Der tiefste Grund für die Gegnerschaft des Weltklerus sei – so hat Bonaventura, der Franziskaner, es formuliert[130] – die Schmälerung der Einkünfte. Das muß nicht schon als „Geldgier" erklärt werden. Wir wissen, daß die Einkünfte des niederen Pfarrklerus im Mittelalter „geradezu kläglich"[131] gewesen sind; für ihn handelt es sich weithin um einen Kampf um die nackte Existenz im wirtschaftlichen Sinn. Und ich weiß nicht, ob man dies nicht begreiflich finden sollte; ich weiß nicht, ob man einfach sagen darf, der Weltklerus habe sich „einer notwendigen Reform der Seelsorge aus Angst für seine Einkünfte entgegengestemmt". Scheeben[132] sagt das von der Pfarrgeistlichkeit von St. Benoît und vom Domkapitel von Notre Dame, in deren Bezirk das Kloster St. Jacques gelegen ist. Allerdings sieht das Konkrete ziemlich klein und erbärmlich aus; zum Beispiel werden die Pfarrangehörigen von St. Benoît ausdrücklich verpflichtet, an fünf genau bezeichneten hohen Feiertagen in ihre eigentliche Pfarrkirche, das heißt *nicht* zu den Dominikanern, zu gehen; und die Dominikaner werden, unter Androhung der Exkommunikation, genötigt, diese Anordnung selbst bekanntzumachen; Opfergaben, die an diesen Festtagen etwa dennoch in der Dominikanerkirche gespendet werden, müssen an die Pfarrkirche abgeführt werden; es darf bei den Predigerbrüdern nur eine Glocke geläutet werden, und diese Glocke darf nicht schwerer sein als dreihundert Pfund; sie darf nur geläutet werden, um die Brüder zum Chorgebet zu rufen; will ein Pfarrkind bei den Dominikanern begraben werden, so muß die Totenmesse in der Pfarrkirche gehalten werden – und so weiter, und so weiter.[133] Durch eine gewaltige Hetzkampagne, die den Bettelmönchen ziemlich unkontrollierbare Übeltaten zum Vorwurf macht, vor allem Erbschleicherei, werden die Affekte des Pöbels mobilisiert. Und als Thomas nach Paris kommt, ist es so weit, daß die Predigerbrüder sich kaum noch auf die Straße wagen, weil sie sich nicht retten können vor Beschimpfungen und auch tätlichen Angriffen. König Ludwig IX., der Heilige, hat es für nötig befunden, dem Kloster St. Jacques eine königliche Wache zu stellen.

Aber natürlich ist auch hier Recht und Unrecht, Heiligkeit und Unheiligkeit auf beide Parteien verteilt. Was zum Beispiel die „Gewalttätigkeiten" betrifft, so wissen wir, daß die Dominikanerscholaren gelegentlich über den weltgeistlichen Rektor der Universität hergefallen sind. Und immer wieder einmal müssen die Ordensoberen der Bettelorden zur Ehrfurcht vor den *praelati Ecclesiae* ermahnen.[134] Der Ordensgeneral der Dominikaner, Humbert von Romans, spricht in einem Rundschreiben von sehr konkreten Dingen; zum Beispiel sollen die Brüder ihre Predigt nicht auf genau die gleiche Stunde ansetzen, in der auch der Bischof zu predigen pflegt. Und Bonaventura hat zwar gesagt, was ich schon angeführt habe, daß in der Geldfrage der Hauptgrund für die Feindschaft der Weltgeistlichen liege; aber er hat auch von seinen eigenen Ordensgenossen gesagt: Manchesmal werde das Geld „habgierig erbettelt, unbesonnen angenommen und noch unbesonnener verbraucht"[135].

In Paris nun kommt zu den Schwierigkeiten, die es überall gibt, noch das Besondere hinzu, daß die Bettelorden die Universität zu erobern beginnen. Der daran sich entzündende Streit ist eine äußerst verwickelte Angelegenheit. Einerseits ist all das wirksam, was den Gegensatz zwischen Weltklerus und Bettelmönchen ausmacht, vermehrt und verschärft durch die Konkurrenz um Lehrstühle. Es tritt aber noch etwas völlig Neues ins Spiel. Der Widerstand der Universität Paris gegen die Bettelmönche zielt nämlich auf den Papst, man kann auch sagen, auf den Kanzler, welcher das Organ des Papstes in der Universität selbst ist. Die Privilegierung durch den Papst hat ursprünglich die Freiheit der Universität begründet und garantiert, die Freiheit nämlich von der Bevormundung durch die lokalen politischen und kirchlichen Mächte und Machthaber; es handelt sich gleichfalls um eine Art von Exemption. Aber dann wird der Garant dieser Freiheit, der vom Papst bestellte Universitätskanzler, zu einer Gefahr für die Freiheit, nämlich für die Freiheit der Selbstgestaltung und Selbstbestimmung der *universitas magistrorum*. Diese Körperschaft der Lehrenden hat sich sehr bald als Interessenverband verstanden, man könnte fast sagen: als eine Art „Gewerkschaft" – gegen den Kanzler. Der Kanzler hat, als Vertreter des Papstes, sehr tiefgreifende Vollmachten: Er ist der Gerichtsherr, der in besonderem Falle sogar die Exkommunikation aussprechen kann; vor allem erteilt er die Lehr-Erlaubnis, die *licentia docendi*. Der einzelne Magister war praktisch gegen die Entscheidungen des Kanzlers völlig wehrlos. Aber natürlich konnte die Gesamtheit der Lehrenden, die *universitas* als solche, ein beträchtlicheres Gewicht in die Waagschale werfen – vorausgesetzt, daß sie als *universitas* handlungsfähig war und einen Sachwalter beim Papste besaß. Ebendies aber wird sehr bald Wirklichkeit; die Bestellung eines Sachwalters beim päpstlichen Hof wird schon zwischen 1215 und 1220 beantragt und genehmigt.[136] Aber natürlich ist damit nicht alles erledigt. Dies zeigt sich, als die Bettelmönche zu Lehrstuhlbewerbern werden.

Schon der erste Dominikanerprofessor in Paris, Roland von Cremona, war auf eine für die Universität sehr ärgerliche Weise auf seinen Lehrstuhl berufen worden, man kann fast sagen: als „Streikbrecher". Die *universitas magistrorum et scolarium*, also Professoren und Studenten, waren tatsächlich in den „Streik" getreten; sie hatten sogar die Stadt Paris verlassen – aus Protest dagegen, daß die städtische Bürgerwehr, bei Unruhen und Schlägereien während der Fastnachtszeit, einen der beteiligten Studenten getötet und einige andere verletzt hatte. Die Dominikaner waren natürlich nicht betroffen; sie blieben, was gleichfalls natürlich erscheint, in Paris in ihrem Kloster St. Jacques. Und in ebendieser Zeitspanne bekommen sie ihren ersten Lehrstuhl, im Jahre 1229. Zwei Jahre später passiert es, daß ein weltgeistlicher Professor um die Aufnahme in den Predigerorden bittet. Natürlich sind die Dominikaner fest entschlossen, diesen ihnen zugefallenen zweiten Lehrstuhl gleichfalls niemals wieder aus der Hand zu lassen. In der gleichen Zeit bekommen die

Franziskaner auf ganz ähnliche Weise ihren ersten Lehrstuhl, indem einer der führenden Theologieprofessoren, mit fast sechzig Jahren, in die Gemeinschaft der *fratres minores* eintritt: Alexander von Hales, der Lehrer des Bonaventura. – Und nun, im Jahre 1252, haben sich die Dominikaner den inzwischen siebenundzwanzigjährigen Thomas, den „Assistenten" des Albertus Magnus, aus Köln nach Paris geholt, damit er Vorlesungen halte über das Sentenzenbuch des Petrus Lombardus, Vorlesungen an der Ordensschule im Kloster St. Jacques. Das ist zwar noch nicht Universitäts-Lehrtätigkeit, aber es ist der erste Schritt dahin. Der Kanzler sieht solche Dinge gern; schließlich sind diese Männer, Alexander von Hales, Albert, Bonaventura, Thomas, die bedeutendsten Köpfe der Zeit. Es ist einfach ein Faktum, daß die avantgardistische Intelligenz sich in den Bettelorden sammelt. Van Steenberghen[137] sagt in seinem umfassenden Überblick über die Lage an den Universitäten zwischen 1250 und 1275: Es habe in dieser Zeit sowohl in Paris wie in Oxford schlechthin keinen einzigen weltgeistlichen Theologen gegeben, der verdiene, erwähnt zu werden. Als die Zisterzienser in ihrem Mutterkloster Cîteaux ein theologisches Studium einrichten wollen, müssen sie sich dafür einen *magister* aus dem Predigerorden erbitten.[138] Man kann also nicht gut sagen, es sei gegen die Interessen der Universität Paris, daß der Kanzler, selbst wenn der Reiz der Machtausübung dabei im Spiel ist, diesen Bewerbern aus den Bettelorden sehr bereitwillig die *licentia docendi* erteilt – zum Beispiel Bonaventura und Thomas von Aquin, dem letzteren im Jahre 1256. Aber dieser Akt ist der Tropfen, der das Gefäß zum Überlaufen bringt. Die *universitas magistrorum*, der auf freiwilliger Mitgliedschaft beruhende Verband der Lehrenden, verweigert beiden, Bonaventura und Thomas, die Aufnahme; und also gehören sie nicht zur *universitas magistrorum*.

Die weltgeistlichen *magistri* haben schon 1252 – in dem Jahr, da Thomas aus Köln nach Paris kommt – eine geheime Sitzung abgehalten, ohne Wissen des Kanzlers und der Professoren aus den Orden.[139] Auf dieser Sitzung ist unter anderem beschlossen worden: Aus jedem Orden soll nur ein Professor in den Lehrkörper der Universität aufgenommen werden – was kurioserweise mit einem frommen Zitat aus dem Neuen Testament (*Jak* 3,1) begründet wird: *nolite plures magistri fieri* (was sicher nicht heißt: wollet nicht zu mehreren *magistri* werden). Den Studenten soll ferner verboten werden, die Vorlesungen derer zu besuchen, die nicht durch die *magistri* in den Lehrkörper aufgenommen sind, das heißt, derer, die einzig die *licentia* des Kanzlers besitzen. Jeder in den Lehrkörper Aufzunehmende soll diese Regelung beschwören. – All dies nun tritt in Kraft, als Thomas die *licentia docendi* durch den Kanzler erhält. Die Universität verbietet den Besuch seiner Vorlesungen. Der Papst verlangt nun, daß man die beiden Bettelmönche aufnehme – woraufhin die Körperschaft der *magistri,* die ja ein freiwilliger Zusammenschluß ist, sich einfach auflöst. Der Papst läßt das nicht gelten; er ordnet durch ein eigenes Breve, in welchem Thomas und Bonaventura mit Namen genannt sind, autoritativ an, daß diese beiden zur öffentlichen Lehrtätigkeit zuzulassen seien, was dann, 1257, geschieht. Für Bonaventura kommt diese Regelung schon zu spät; er ist, mit sechsunddreißig Jahren, zur obersten Leitung des gesamten Franziskanerordens berufen worden und hat damit seine eigentliche wissenschaftliche Laufbahn als Lehrer bereits beendigt. Und auch für Thomas ist natürlich mit jener formellen Regelung nicht schon alles erledigt; noch drei Jahre später (1259) geschieht es, daß, während er predigt, jemand aufsteht und mit lauter Stimme ein Schmähgedicht gegen die Bettelmönche verliest. Dieser Jemand ist ein Parteigänger des weltgeistlichen Pariser Professors Wilhelm von St. Amour, der zwar selbst, durch Ludwig IX., bereits in die Verbannung geschickt worden ist, dessen Schrift gegen die Bettelorden aber weiterwirkt (sie ist auch in die Volkssprache übersetzt, und ihre Argumente kehren in der weltlichen Literatur, zum Beispiel im Rosenroman, wieder). Die Schrift des Wilhelm von St. Amour ist im Auftrag der Universität und unter Ermunterung von seiten des französischen Episkopats geschrieben worden; ihr Titel lautet: *De periculis novissimorum temporum,*

Über die Gefahren der letzten Zeiten.[140] In diesem sehr geistreich geschriebenen Pamphlet werden die Einwände wiederholt, welche die offizielle Kirche selbst, ein bis zwei Generationen zuvor, gegen die Armutsbewegung erhoben hatte.[141] Vor allem wird den Bettelorden bestritten, daß sie seien, was sie zu sein behaupten, eine Lebensform nach dem Evangelium: Wer nicht arbeitet, der soll auch nicht essen; wer alles aufgeben will um Christi willen, der soll arbeiten oder in ein Kloster eintreten, aber er soll nicht betteln; niemals wird berichtet, Christus oder die Apostel hätten gebettelt; der „gute Hirte" bettelt doch nicht bei seiner Herde – und so fort. Man sieht, es handelt sich um sehr prinzipielle Angriffe, die nicht leicht zu parieren sind. Und doch ist das Gefährlichste der Schluß des Buches, die Schlußfolgerung: daß etwas getan werden müsse gegen diese Pseudo-Apostel, deren Erscheinen die Endzeit ankündige; die *novissima tempora* des Titels sind durchaus eschatologisch gemeint, und alle endzeitlichen Ängste der Epoche werden auf geradezu propagandistische Weise angesprochen und mobilisiert. Was also muß getan werden? Wilhelm von St. Amour formuliert höchst suggestiv einige knappe Imperative: dafür sorgen, daß die Gefährlichen isoliert werden; dafür sorgen, daß die Anhänger sie verlassen; dafür sorgen, daß keine neuen Anhänger kommen; vor allem: Predigt- und Lehrverbot.

Thomas, der schon, inmitten des lärmenden Streites um ihn her, die ersten Bücher seines Sentenzenkommentars geschrieben hat sowie seine philosophische Erstlingsschrift *De ente et essentia* – Thomas verfaßt nun seine erste Streitschrift, gegen Wilhelm von St. Amour: *Contra impugnantes Dei cultum et religionem* (*religio* heißt hier „Ordensstand"). Dieser ersten Verteidigung des Lebens der evangelischen Vollkommenheit werden noch zwei andere Streitschriften folgen. – In einer der öffentlichen Disputationen, an denen prinzipiell jedermann teilnehmen und in denen jedermann Fragen stellen kann, wird Thomas die arglistige Frage vorgelegt, ob nicht ein Ordensmann, der doch den Weg der Vollkommenheit beschritten habe, gegnerische Angriffe einfach geschehen lassen müsse, ohne sich zur Wehr zu setzen – worauf Thomas antwortet: Ja, soweit es um die eigene Person geht; er muß sogar bereit sein, noch weit Schlimmeres zu ertragen; sofern es aber um die evangelische Lebensform selbst geht, das heißt, um die göttliche Lehre: Nein.[142] – Diese Unterscheidung bestimmt den inneren Stil dieser Streitschriften. Es ist darin nichts vom Dunst privater Affektivität; sie sind eigentlich gar nicht „polemisch". Dennoch spürt man die unmittelbare Beteiligung des Herzens immer wieder einmal an der Frische und Herzhaftigkeit der Diktion.

In einer dieser Schriften zitiert Thomas den Einwand:[143] ob es denn nicht unwahrscheinlich sei, daß die von Christus begründete Lebensform der geistlichen Vollkommenheit seit der Apostelzeit bis ausgerechnet zur Gründung der Bettelorden solle geschlafen haben. Die Antwort lautet so: Natürlich hat sie nicht geschlafen – aber kann nicht dennoch in verschiedenen Zeiten Verschiedenes vonnöten sein? Und nun kommt ein Satz, worin das ganze intellektuelle Hochgefühl der Epoche sich ausspricht (es ist das Jahr 1270, in dem diese letzte Streitschrift erscheint, die Zeit also der zweiten Pariser Lehrtätigkeit, die Zeit der höchsten Fruchtbarkeit und Ausstrahlungskraft): „Was soll man denn wohl antworten, wenn einer fragen würde: Hat die christliche Lehre geschlafen seit der Zeit der großen Meister Athanasius, Basilius, Ambrosius, Augustinus und ihrer Zeitgenossen – geschlafen bis auf diese Zeit, in der die Menschen sich in höherem Maße wieder um die christliche Lehre bekümmern? Soll es denn nach jener absonderlichen Meinung unerlaubt sein, etwas Gutes wieder aufzugreifen, das eine Zeitlang unterlassen worden ist? Dann wäre es wohl auch unerlaubt, das Blutzeugnis auf sich zu nehmen [...]?"[144] Den Inhalt dieser Streitschriften können wir im einzelnen nicht besprechen.

Wohl aber muß die Rede sein von dem Geiste, in welchem Thomas diese Auseinandersetzung führt. Es ist der Geist des disziplinierten Streitgesprächs, einer Form der Auseinandersetzung, die bei aller klaren Streitbarkeit dennoch Gespräch ist. Man kann auch sagen: Es ist der Geist der *disputatio*. Damit ist das Thema der nächsten Vorlesung genannt.

VII

Von einer aktiven Beteiligung des heiligen Thomas an dem universitätspolitischen Konkurrenzkampf in Paris ist nichts bekannt. Nach allem, was wir von Thomas wissen, ist es höchst unwahrscheinlich, daß er sich in diese Arena überhaupt begeben hat. Aber in die *Lehr*streitigkeiten um die Verwirklichung der *perfectio evangelica* hat er mit mehreren Schriften eingegriffen. Diese Schriften sind eindeutig Streitschriften – und übrigens nicht die einzigen, die Thomas geschrieben hat: Im letzten Lebensjahrfünft kommen noch einige hinzu, die sich gegen einen Gegner richten, mit dem alle Welt ihn zu verwechseln pflegte (wovon noch zu reden sein wird). Die Diktion dieser Schriften ist, wie nicht anders zu erwarten, spontaner, herzhafter und eben auch streitbarer, als man es sonst bei Thomas gewohnt ist. „Dies Argument verdient es eher, daß man lacht, als daß man antwortet", *magis derisione quam responsione dignum est*[145] – so pflegt Thomas sonst nicht zu reden. Oder: „Wenn einer hiergegen etwas vorbringen will, dann möge er nicht vor Knaben darüber schwätzen, sondern er möge eine Schrift darüber öffentlich vorlegen – damit die, welche Einsicht haben, zu beurteilen vermögen, was wahr ist, mit der Autorität der Wahrheit aber zu widerlegen, was falsch ist."[146] Ähnlich schließt die späte Streitschrift *De unitate intellectus*: „Wenn einer, der ruhmredig den trügerischen Namen der Wissenschaft für sich in Anspruch nimmt, gegen das, was wir hier geschrieben haben, etwas sagen will, dann soll er es nicht im Winkel tun und nicht vor Knaben, die über so schwierige Dinge kein Urteil haben, sondern er soll gegen das Geschriebene selber schreiben, wenn er es wagt [...]"[147] – und so fort.

So klar die Streitbarkeit solcher Redeweise zutage liegt, dennoch ist ein anderes Merkmal viel wichtiger und auch viel charakteristischer für Thomas. Wir haben schon davon gesprochen, es könne einem arglosen Leser passieren, daß er, einigermaßen stutzig und verwirrt, ganze Seiten liest, die nichts anderes enthalten als die höchst überzeugend formulierten gegnerischen Argumente. An der Formulierung ist schlechterdings nicht zu erkennen, daß Thomas sie ablehnt; es findet sich nicht die Spur einer Hindeutung auf die Schwäche des Arguments, nicht die leiseste Nuance einer ironischen Übertreibung. Der Gegner selber spricht; und es ist ein Gegner, der offenbar ausgezeichnet in Form ist, ruhig, sachlich, maßvoll. Ich lese etwa, in der ersten Streitschrift des dreißigjährigen Thomas: Wer ein Geschenk annimmt, wird abhängig von dem, der gibt. Für Ordensleute aber ziemt es sich, frei zu sein von aller weltlichen Abhängigkeit, da sie doch zur Freiheit des Geistes berufen sind [...]. Und also dürfen sie nicht von Almosen leben.[148] Oder: Ordensleute bekennen sich zum Stande der Vollkommenheit. Es ist aber, nach dem Neuen Testament (*Apg* 20,35), vollkommener, Almosen zu geben als sie zu empfangen. Also sollten sie eher arbeiten, um etwas zu besitzen, wovon sie dem Notleidenden mitteilen können, als daß sie Almosen empfangen und von ihnen leben.[149] Oder: Wer von anderer Leute Tisch lebt, wird notwendig zum Schmeichler.[150] Oder: Der Apostel Paulus hat es abgelehnt, von den Korinthern Geld anzunehmen zu seinem Unterhalt, um den Lügenaposteln keinen Vorwand zu liefern.[151] Und so fort. All diese Argumente hören sich – in der Formulierung, wohlgemerkt, des heiligen Thomas selbst – sehr plausibel und vernünftig an. Man ist, von dem bei uns üblich gewordenen Stil der Polemik her, auf so etwas nicht gefaßt. Man ist so wenig darauf gefaßt, daß nicht selten die gegnerischen Argumente dem heiligen Thomas selbst zugeschrieben worden sind – weil er sie so überzeugend und anscheinend (scheinbar!) selber überzeugt vorträgt.[152]

In dieser Verfahrensweise, die den Gegner mit seiner abweichenden oder auch einfachhin entgegengesetzten Meinung einschließlich der ihr zugrundeliegenden Argumentation nicht bloß zu Wort kommen läßt, sondern ausdrücklich zu Wort bringt, vielleicht sogar besser, klarer, überzeugender, als der Gegner selbst es vermöchte – hierin kommt etwas den geistigen Stil des heiligen Thomas tief Kennzeichnendes zu Gesicht: der

Geist der *disputatio,* der in Zucht genommenen Gegnerschaft, der Geist des echten Streitgesprächs, das „Streit" ist und dennoch „Gespräch". Dieser Geist aber bestimmt die innere Bauform des gesamten Werkes des heiligen Thomas. Und ich bin davon überzeugt, daß sich *auch* hierin das Musterhafte, das Vorbildliche, das Paradigmatische des *Doctor communis* der Christenheit zeigt.

Es braucht nicht ausführlich davon gesprochen zu werden, wie sehr das Gespräch eine Grundform des gemeinsamen Lebens der Menschen insgesamt ist, das Miteinanderreden nicht allein zum Zweck der Mitteilung, sondern mit dem Ziel der Klärung und der Wahrheitsfindung und -erhellung, das Miteinanderreden von Partnern, versteht sich, die nicht schon von Anfang an der gleichen Meinung sind. Platon hat, so scheint es, geradezu behauptet, Wahrheit ereigne sich, als menschliche Realität, *einzig* im Gespräch: „Durch Sich-Unterreden viele Male und durch langes vertrautes Zusammensein um der Sache willen entzündet sich wie von einem fliegenden Funken im Nu ein Licht [...]."[153] Ja, Platon hat sogar das einsame Denken und Erkennen „ein Gespräch der Seele innerlich mit sich selbst ohne Laut"[154] genannt. Sokrates, in dessen Gestalt sich für Platon der urbildliche Wahrheitssucher und Erkenntnisfinder schlechthin darstellt, ist der unablässig sich Unterredende und im Streitgespräch sich selber und den Partner Erprobende. – Diese Grundhaltung hat der Platoniker Augustinus in seine Auseinandersetzungen mit gegnerischen Meinungen eingebracht. Aber auch Aristoteles, dessen Denkstil zunächst gar nicht dialogisch, sondern thetisch und systematisch zu sein scheint, sagt, zuerst müsse man, so man die Wahrheit finden wolle, die Meinung derer bedenken, die anders urteilen[155]; und er spricht von dem gemeinsamen Werk der Disputation, bei dem es darauf ankomme, ein guter Gefährte und Mitarbeiter zu sein. Das steht in der *Topik*[156] des Aristoteles, in jenem Teil des *Organon,* der, sozusagen im zweiten Schub, als *Logica nova* im zwölften Jahrhundert an den Schulen des Westens bekannt geworden und sogleich verstanden und aufgenommen worden ist als ein Anstoß und eine Aufforderung zur systematischen Durchgestaltung der Disputation:[157] „Ohne das achte Buch der *Topik*" – so sagt der weltmännische Johann von Salisbury – „disputiert man, wie es sich gerade trifft, aber nicht mit Kunstverstand", *non disputatur arte, sed casu*.[158] – Damals also, im zwölften Jahrhundert, werden die Spielregeln des Streitgespräches kunstgerecht formuliert und entwickelt: „Zu jeder *disputatio legitima* gehört Frage, Antwort, These, Zustimmung, Verneinung, Argument, Beweisführung, abschließende Formulierung des Ergebnisses" – so heißt es bei einem gewissen Magister Radulfus.[159] In den letzten Jahrzehnten des zwölften Jahrhunderts wird die Disputation in den Hohen Schulen des Abendlandes etwas ganz und gar Gebräuchliches, ja etwas mehr oder weniger Verbindliches; sie beherrscht das Bild des gesamten Studienbetriebs. Allerdings beginnt auch schon im gleichen Augenblick die Entartung und der Mißbrauch, so daß besonnene Männer Klage führen über Silbenstecherei und Wortklauberei, über die rein formalistische Spiegelfechterei.[160] „Dieses Gedankenturnen zur Schau und zum Spiel" – das ist eine bekannte Hegelsche Formulierung[161], gemünzt auf die mittelalterliche Scholastik überhaupt (und insofern ungerecht und unzutreffend). Gegen solche Perversionen ist anscheinend in der Tat kein Kraut gewachsen. Die platonischen Dialoge berichten von genau der gleichen Entartung: Kaum hat Sokrates seinen Gesprächspartner Gorgias, den Sophisten, mit einiger Mühe dazu gebracht, keine „Rede" zu halten, sondern die Form der „Unterredung" zu akzeptieren, und schon heißt es: „Du wirst sehen, daß niemand mich in dieser Kunst der kurzen Antworten übertrifft"; „das ist ja auch eines der Stücke, deren ich mich rühme"[162] – was bedeutet, daß die Form, die Sokrates aus keinem anderen Grunde vorgeschlagen hat, als um so die formalistische Spielerei des sophistischen Wortzaubers zu vermeiden, im Handumdrehen selber zur formalistischen Spielerei geworden ist.

Als Thomas das nunmehr, um die Mitte des dreizehnten Jahrhunderts, schon einigermaßen durchkonstruierte Instrument der scholastischen *disputatio* in die Hand nimmt, um seine Melodie darauf zu spielen, da ist das Erste, das zu tun ist: weglassen, vereinfachen, zurückschneiden. Die Vorrede zur *Summa theologica* spricht von der „übermäßigen Anhäufung unnützer Fragen, Artikel und Argumente"; und Thomas kehrt, wie man bei Grabmann[163] nachlesen kann, eine Unsumme von bereits damals üblich gewordenen schulmeisterlichen Tüfteleien energisch unter den Tisch (die Spätscholastik hat sie dann wieder hervorgeholt und in ihrer ganzen Pracht ausgebreitet, *auf* dem Tisch!). Aber auch bei Thomas bestimmt, wie gesagt, die Struktur des Streitgesprächs durchweg die Gestalt des ganzen geschriebenen Werkes. Der *articulus*, welcher das Element, der kleinste Baustein sowohl der *Summa theologica* wie der *Quaestiones disputatae* und der *Quaestiones quodlibetales* ist – der *articulus* formuliert zunächst die zur Rede stehende Frage und beginnt dann so, daß nicht schon der Autor selber spricht, daß vielmehr die Gegenstimmen zu Wort gebracht werden; danach erst nimmt der Autor selber das Wort, zunächst zu einer systematisch entwickelten Beantwortung der Frage und dann zu einer Erwiderung auf die einzelnen Gegenargumente. So etwa wird, in der *Summa theologica*, das Thema „Leidenschaft und sittliches Tun" zur Diskussion gestellt.[164] Es wird gefragt, ob die Leidenschaftlichkeit des Tuns den sittlichen Wert dieses Tuns steigere oder vermindere. Und das erste Argument besagt, Leidenschaft trübe das Vernunfturteil, also mindere sie den sittlichen Wert eines Tuns; das zweite Argument: Gott und das reine Geistwesen kennen keine Leidenschaft, also ist Leidenschaftslosigkeit ein Plus an sittlichem Wert; drittes Argument: Aus Leidenschaft Unrecht tun ist offenbar weniger schlimm als mit klarer Überlegung Unrecht tun; also mindert Leidenschaft auch den Wert eines Tuns, das in sich gut ist – und so fort. Noch immer hat Thomas selber gar nicht gesprochen; er spricht erst im *corpus* des Artikels, das die Frage von Grund auf entfaltet und beantwortet. In diesem Fall lautet die Antwort so, daß *„aus* Leidenschaft handeln" den sittlichen Wert wie den Unwert des Tuns mindere, daß dagegen *„mit* Leidenschaft handeln" beides steigere, den Wert und auch den Unwert.[165] Und von da aus werden dann die zu Anfang formulierten Argumente beantwortet.

Wenn wir zunächst befremdet sind von solcher Darstellungsweise, so möchte ich vorschlagen, dieses Befremden etwas näher unter die Lupe zu nehmen. Was ist es genau, woran wir uns stoßen? Ich glaube, es ist erstens die Schematisierung, das Formelhafte, das Stereotype der Darstellung; und zweitens die Tatsache, daß oft genug die vorgebrachten Argumente uns inhaltlich nicht berühren, daß es nicht *unsere* Argumente sind. Beide Anstößigkeiten aber haben mit dem Kern der Sache nicht viel zu tun. Der Kern ist, daß es sich um ein Gespräch handelt. Im Grunde ist der scholastische *articulus* dem platonischen Dialog nicht sehr fern. Und wenn man sich ihn, den scholastischen *articulus*, gereinigt dächte vom Staub des Gewesenen – er wäre, glaube ich, eine geradezu aufregende Sache! Ein aktuelles, uns angehendes Problem wird formuliert, als Frage; dann kommen, in präzisester, knappster Fassung, die Schwierigkeiten zu Wort, die wirklichen, gewichtigen Gegenargumente; dann eine klare, geordnete Darlegung der Antwort; endlich, von dieser systematisch entwickelten Antwort her, eine genaue Erwiderung auf die Gegenargumente – und das Ganze auf den Raum von ein-zwei Druckseiten komprimiert, wie es im scholastischen *articulus* der großen Zeit geschieht („Kein Schriftsteller", sagt Gilson[166], „hat je mehr gesagt mit weniger Worten"): Etwas Lebendigeres, freilich auch, für den Autor, etwas Anspruchsvolleres wäre kaum auszudenken! Thomas aber hat nicht allein in dieser Weise *geschrieben*; sondern er hat zuvor der mündlichen *disputatio* in seiner eigenen Lehrtätigkeit an der Pariser Universität auf eine bis dahin unbekannte Weise Raum gegeben.[167] Eine bestimmte Form, die *disputatio de quodlibet*, die „freie" Diskussion, deren Thema von den Zuhörern jeweils unmittelbar bestimmt wurde, scheint Thomas geradezu erfunden zu haben.[168] Und er hat eine ungeheure Arbeitskraft in diese Form des Lehrens gesteckt; wahrscheinlich war es für ihn zugleich ein gewaltiges Vergnügen. Wir wissen, daß Thomas durch die drei Jahre von 1256 bis 1259 regelmäßig zwei große

Disputationen in der Woche gehalten hat. Jeder von den ausgedehnten Artikeln der *Quaestiones disputatae* (es sind mehr als fünfhundert!) – jeder ist der Niederschlag einer öffentlichen Disputation.

Das Entscheidende ist natürlich der Geist, der diese Auseinandersetzungen beherrscht und prägt – und der selbstverständlich nicht an die äußere Form gebunden ist (wie es anderseits die Formen geben kann ohne den Geist). Die Frage also ist, wie etwa dies Ethos des Streitgesprächs des näheren umschrieben werden könnte.

Das Erste ist dies: Wer immer den Dialog, das Gespräch, die Disputation, das Streitgespräch als eine Grundform der Wahrheitsfindung versteht, der hat zuvor schon gedacht und gesagt, daß die Wahrheitsfindung offenbar ein Geschäft sei, zu dessen Bewältigung die Kraft des autarken einzelnen nicht genügt; vielmehr sei die gemeinsame Anstrengung, vielleicht sogar aller, vonnöten. Keiner ist sich selbst genug, und keiner ist völlig überflüssig; jeder bedarf des anderen; sogar der Lehrende bedarf der Lernenden – wie Sokrates es stets behauptet hat; jedenfalls bringt auch der Lernende, der Schüler, etwas ein in das Gespräch mit dem Lehrer. – Diese Grundüberzeugung muß sich, wenn sie echt ist, notwendig auswirken, und zwar sowohl in der Weise des Hörens wie in der Weise des Redens. Gespräch geschieht ja nicht nur im Miteinanderreden, sondern auch im Aufeinanderhören. Die erste Anforderung lautet also: auf den Partner hören, sein Argument, seinen Beitrag zur *recherche collective de la vérité*[169] genauso wahrnehmen, wie er selbst, der Partner, sein eigenes Argument versteht. Es gab eine Spielregel der *disputatio legitima,* die schlichthin dieses Hören erzwang: Niemandem war gestattet, auf einen Einwurf des Gesprächspartners unmittelbar zu antworten; vielmehr mußte er vorher den gegnerischen Einwand mit eigenen Worten wiederholen und sich ausdrücklich vergewissern, daß der andere genau das gleiche meine. (Man stelle sich einen Augenblick lang vor, solch eine Regel würde heutigentags wieder Verbindlichkeit erlangen, so daß ein Verstoß gegen sie automatisch die Disqualifizierung zur Folge hätte: Es ist gar nicht auszudenken, welch eine Reinigung der Atmosphäre dies für die öffentliche Diskussion bedeuten könnte!) Übrigens hat schon Sokrates diese Regel, wenn nicht formuliert, so doch befolgt. In der Disputation des *Phaidon* über die Unsterblichkeit wiederholt Sokrates zunächst die Einwände, die seine Freunde, widerstrebend, gemacht haben. Und dann fragt er: „Ist es dies, Simmias und Kebes, was wir jetzt zu bedenken haben? Sie sagten: Ja, dies sei es." „Daß uns nur nichts entgeht", fügt Sokrates dann noch hinzu.[170] Und in dieser Bemerkung zeigt sich das primäre Anliegen solchen Zuhörens; es achtet nicht von Anfang an auf die „schwachen Stellen" des Gegners, nicht sofort auf die Widerlegbarkeit seiner Argumente, sondern es zielt erstlich auf die tiefere Erfassung des Sachverhalts. Es handelt sich nicht zunächst um „Anständigkeit", erst recht nicht um irgendeine vage „Bescheidenheit" (die es weder in der antiken noch in der christlichen Ethik gibt!); es handelt sich um genau das, was Paul Valéry einmal so formuliert hat: „Das Erste, das der zu tun hat, der eine Meinung widerlegen will, ist dies: Er muß sie sich ein wenig besser zu eigen machen als der, welcher sie am besten verteidigt."[171] Man hört zu, um der eigentlichen Stärke des gegnerischen Argumentes voll ansichtig zu werden. Thomas scheint geradezu anzunehmen, daß man die möglichen Einwände gegen eine These nicht selber im voraus zu erkennen oder gar zu konstruieren vermöge. Das Konkrete der Situation, aus welcher betrachtet der Sachverhalt vielleicht ein neues Gesicht zeigt – dies Konkrete ist nicht errechenbar. In jeder ernsthaften konkreten Äußerung kommt etwas von der vielgesichtigen Realität selber zur Sprache; das heißt, es ist immer etwas Richtiges und Wahres daran; und bei diesem Etwas, das vielleicht minimal ist, muß die Korrektur ansetzen, wenn sie überzeugen soll. Etwas von dieser Gewißheit ist, glaube ich, im Spiel, wenn Thomas es – in der *Summe wider die Heiden* – bedauert, daß ihm die Aussagen der *mahumetistae et pagani* nicht im einzelnen bekannt seien, „damit wir aus dem, was sie sagen, Gründe entnehmen könnten, um ihren Irrtum zunichte zu machen"[172].

Natürlich aber ist dies Hören nicht allein auf die Erfassung des Sachverhaltes aus. Es richtet sich durchaus auch auf den Partner als Person; es lebt aus dem Respekt vor der Würde des anderen, ja aus der Dankbarkeit gegen ihn – um des Erkenntnisgewinns willen, den sogar der Irrtum bedeutet. „Man muß sie beide lieben, sowohl die, deren Meinung wir teilen, als auch die, deren Meinung wir ablehnen. Beide nämlich haben sich gemüht um der Erforschung der Wahrheit willen, und beide haben uns hierin Hilfe geleistet."[173] Die großen Lehrer der Christenheit stimmen in diesem Punkt völlig überein; sie stehen gemeinsam gegen den Ungeist engstirniger Polemik, dem nicht allein der Respekt vor der Person des Gegners zu fehlen pflegt, sondern auch die volle Unbefangenheit des Herzens gegenüber der Wahrheit der Dinge. Die von Thomas formulierte Haltung, die natürlich nichts mit irgendwelcher bloßen Gefühligkeit zu tun hat, entspricht der legitimsten, besten Tradition. Ich zitiere einen Abschnitt aus einer Schrift Augustins *gegen* die Manichäer: „Mögen wüten gegen euch jene, die nicht wissen, mit welcher Mühsal man die Wahrheit findet [...]; mögen wüten gegen euch jene, die nicht wissen, mit welcher Schwierigkeit das Auge des inneren Menschen heil wird; [...] wüten mögen wider euch jene, die nicht wissen, unter wieviel Stöhnen und Seufzen es geschieht, daß man auch nur ein Winziges an göttlicher Einsicht gewinnt."[174] Und wenn John Henry Newman in seiner *Philosophie des Glaubens* gegen John Locke polemisiert, dann hört sich das so an: „Ich habe einen so großen Respekt sowohl vor dem Charakter wie vor dem Talent Lockes, vor der männlichen Einfalt seines Geistes und seiner ausgesprochenen Aufrichtigkeit, [...] daß ich kein Vergnügen dabei empfinde, ihn in der Opposition gegen Ansichten zu sehen, die ich selbst stets als wahr hochgehalten habe."[175] Das ist Geist vom Geiste der echten Disputation, wie auch Thomas ihn verkörpert! Ein Zeitgenosse sagt, Thomas habe einen Gegner so widerlegt, wie man einen Schüler unterweisen würde.[176] – Und noch eine großartige Formulierung der *Summe wider die Heiden* muß hier angeführt werden: Thomas hat die Vorstellungen des Averroes und des Aristoteles von der letzten Glückseligkeit des Menschen dargelegt, er hat gezeigt, wie trotz eines richtigen Ausgangspunktes das Eigentliche von ihnen verfehlt werden mußte: *in quo satis apparet, quantam angustiam patiebantur hinc inde eorum praeclara ingenia*[177] – worin sich zeige, wie sehr diese erlauchten Geister unter solcher Einengung und Fesselung gelitten haben müßten.

Disputatio heißt aber nicht nur, daß man auf den anderen höre, sondern auch, daß man *zu dem anderen hin spreche*. Der Disputationspartner erklärt sich, durch die Teilnahme selbst, bereit, sich zu stellen und „Rede zu stehen". Er setzt sich der Korrektur aus. Zuvor freilich bringt er, damit solches überhaupt sinnvoll geschehen könne, sich selber zu Gehör. Dies schließt etwas keineswegs Selbstverständliches ein, nämlich daß er so spricht, daß der andere ihn hören kann, das heißt, daß der andere sein, des Redenden, Argument möglichst deutlich und vollständig wahrnehmen kann. Der aus dem Geist der echten *disputatio* Redende will primär den Sachverhalt verdeutlichen. Das bedeutet den Willen, prinzipiell *verständlich* zu sprechen (was natürlich nicht heißt, es dürfe eine unzulässige Vereinfachung des Sachverhalts in Kauf genommen werden). Die willkürliche individuelle Terminologie ist wider den Geist des echten Streitgesprächs. Freilich bedeutet das Streitgespräch, und vielleicht schon jedes Gespräch, Mehrstimmigkeit, Polyphonie; jede Stimme hält sich als sie selber durch – nicht um des Sich-Durchsetzens willen (sowenig das richtige Zuhören aus vager Bescheidenheit geschieht). Wie der andere bei mir, in meinem Hören, zu Wort kommt mit seiner eigenen Stimme, so bringe auch ich selber mich zu Wort – und zwar gleichfalls um der Erhellung des Sachverhalts willen, von dem mir etwas zu Gesicht gekommen ist, das dem anderen vielleicht entgangen ist. So allein geschieht jenes wechselseitige Einander-Widerstehen, von dem Thomas sagt, auf keine Weise sonst werde besser die Wahrheit offenbar:[178] „Eisen wird durch Eisen geschärft" (*Spr* 27,17). Von irgendwelchem bloßen Sentiment des Rücksichtnehmens ist hier weit und breit nichts wahrzunehmen. Und dennoch geht es nicht allein um die Verdeutlichung des objektiven *Sachverhalts*. Verdeutlichung heißt ja immer, daß *jemandem* etwas deutlich gemacht werde. Dieser Jemand ist der Gesprächspartner. Gerade das verdeutlichende Reden ist befeuert durch den Respekt vor dem Partner. Der andere wird respektiert als Mit-Subjekt der Wahrheitsfindung. Disputieren, ein echtes Streitgespräch führen, besagt, daß ich dem anderen ausdrücklich das Recht zugestehe, sowohl zu verstehen, was ich meine, wie auch das von mir Gesagte kritisch zu befragen auf Wahr und Falsch. Man braucht das nur auszusprechen, und schon ist klar, wie wenig selbstverständlich so etwas ist. In den Aphorismen Ernst Jüngers steht der Satz: „Wer sich selbst kommentiert, geht unter sein Niveau."[179] Das lautet sehr großartig. Was aber ist hier in Wahrheit gesagt? Wird mir nicht empfohlen, auf bedeutende Weise zu schweigen, wenn mich einer fragen sollte: Was meinst du mit jenem dunklen Satze; und ist er wirklich wahr; wie stimmt er zu einigen anderen Sätzen, die unantastbar richtig zu sein scheinen? Jedermann weiß, daß solches bedeutende Schweigen nicht völlig ungebräuchlich ist. Aber die wirklich großen Lehrer des Abendlandes – von Sokrates über Augustin (der zu den Fischern von Hippo über die höchsten Wahrheiten gesprochen hat) zu Thomas, zu Kant (in dessen *Kritik der reinen Vernunft* zu lesen steht: „Widerlegt zu werden ist [...] keine Gefahr, wohl aber, nicht verstanden zu werden"[180]) – alle diese großen Lehrer zeichnen sich aus durch eine wunderbar rücksichtslose Resolutheit in bezug auf die eigene Bedeutung. Sie kennen nicht die Sorge, durch die Schlichtheit des Wortes etwa ihrer eigenen Überlegenheit zu nahe zu treten. Sie kennen zwar sehr wohl die feierliche und gelegentlich auch die pathetische Rede; aber sie haben sich nie für zu bedeutend gehalten, und sie haben nie einen Augenblick gezögert, „unter ihr Niveau zu gehen", wenn auf solche Weise die Wahrheit deutlicher zu sagen war, zu verdeutlichen natürlich für „jemand anderen", für den Gesprächspartner, den Irrenden, den Lernenden. In der wahren Disputation wird dieser andere, indem man selber redet, weder ignoriert noch geblufft noch bloß „bearbeitet", verzaubert, verführt oder, grob gesagt, „fertiggemacht". Männer, die nicht so sehr klären als Aufsehen erregen wollen, sind untauglich zum Streitgespräch; sie werden es auch meiden. Eben das ist im zwölften Jahrhundert schon zur Verteidigung der *disputatio* gesagt worden: Die *disputatio* sei ein vorzügliches Mittel, das bloße Tönen, die Schönrednerei, die „Belletristik" und Rhetorik im Bereich der Wahrheitsforschung zu entlarven und *die* Leute nicht zum Zuge kommen zu lassen, denen es nicht um das *„scire"* zu tun sei, sondern um das *„sciri"*, nicht um das Kennen, sondern um das Gekanntwerden.[181]

Vieles spricht dafür, daß Thomas den Geist der *disputatio* geradezu für den Geist der Universität selbst gehalten hat. In der mittelalterlichen Universität konnte, genauso wenig wie heute, die Universalität des Wissens im durchschnittlichen Fall nicht auf solche Weise realisiert und dargelebt werden, daß die Studierenden oder auch nur die Lehrenden wahrhaft einen „Gesamtüberblick" gewonnen hätten. So gesehen, ist die mittelalterliche Universität, nicht anders als unsere Universitäten, kein Ort des *„studium generale"* gewesen. Aber: Es gab damals die *disputatio*, und in ihr realisierte sich die Universalität! So ist zu fragen, ob nicht das Verstummen des im Raum der Universität zu führenden disziplinierten Streitgesprächs zwischen den einzelnen und zwischen den Fakultäten der wahre Grund sein könnte für den vielbeklagten Verlust eines auch nur grundrißhaften Gesamtüberblicks. Es ist klar, daß hier nicht das Gespräch unter Spezialisten und über ein nur den Spezialisten interessierendes Thema gemeint ist. Gemeint ist das Gespräch über die den „Menschen überhaupt" betreffenden Gegenstände, die aber, natürlicherweise, von der Einzelforschung her immer neu fraglich werden und also immer neu zur Diskussion gestellt werden. Ich weiß sehr wohl, daß zu einem Streitgespräch dieser Art einige Voraussetzungen gehören, die in der mittelalterlichen Universität offenkundig erfüllt waren und die heute anscheinend nicht erfüllt sind, zum Beispiel die gemeinsame Sprache und die einigermaßen einheitliche philosophisch-theologische Weltansicht. Aber es ist vielleicht doch nicht eine völlig utopische Zielsetzung, eine Erneuerung unserer Hochschulen zu versuchen – aus *den* Prinzipien, die das Werden der abendländischen Universität bestimmt haben, wozu unter andern der Geist des Streitgesprächs gehört.

Es ist eben die Rede davon gewesen, welche Reinigung des öffentlichen Wesens durch die Beachtung einer bestimmten Disputationsregel in Gang gebracht werden könnte. Natürlich kann so etwas nur im *modus irrealis* gesagt werden. Wer aber nach den Gründen fragt, warum denn die öffentliche Diskussion so hoffnungslos entarten konnte, der kann sehr wohl auf den Gedanken kommen, vielleicht fehle nur das Paradigma, das „Modell", das überzeugende und normsetzende Beispiel der *disputatio* an *dem* Ort, an dem sie natürlicherweise zu Hause sein sollte: an der Universität.

VIII

Mit dem Augenblick, da Thomas, 1257, offiziell in den Lehrkörper der Universität Paris aufgenommen wird, tritt er in seine endgültige, nie mehr verlassene Aufgabe ein. Trotz aller Vielfalt der Einzelaufgaben, mit denen er überhäuft wird, und trotz des ständigen Wechsels des Ortes – im Grunde ist er die ganze Zeit und an jedem Orte vor allem eines: Lehrer. Nebenher ist er auch Organisator des Lehrbetriebes, Gründer von Schulen, Entwerfer und Begutachter von Lehrplänen. Auf dem Generalkapitel der Predigerbrüder in Valenciennes, 1259, ist Thomas als junger Professor neben Albert dem Großen Mitglied der Kommission, die für den ganzen Orden die neue Studienordnung festlegt, worin unter anderem bestimmt wird, daß jede Ordensprovinz eine Schule der *artes liberales*, eine Schule der „freien Künste", einzurichten habe, *philosophie en tête*.[182] Dennoch ist Thomas nicht eigentlich ein Organisator des Lehrens, sondern ein Lehrender; und das bleibt er bis ans Ende.

*

Von zwei besonderen Aufträgen, die Thomas von außen zugedacht werden und die er hinzu übernimmt, mag wegen ihrer Ungewöhnlichkeit kurz zwischenhinein die Rede sein. – Der erste dieser Aufträge hat zu tun mit der Trennung der Ostkirche von Rom, die seit dem elften Jahrhundert, also schon zweihundert Jahre, andauerte. Der neue oströmische Kaiser, Michael Palaiologos, wollte die Wiedervereinigung, allerdings vorweg aus politischen Gründen; dennoch ging der Papst Urban IV., der frühere Patriarch von Jerusalem, auf den Annäherungsversuch ein; aber natürlich bestand er auf einer Bereinigung der Lehrunterschiede. Die freilich schien fast unmöglich – besonders deswegen, weil eine unsinnige Polemik die Gemeinsamkeiten völlig eingenebelt hatte, so daß sie fast in Vergessenheit geraten waren. Hier war eine leidenschaftslose, unpolemische, loyale, großherzige, nur um die Wahrheit bekümmerte Beurteilung der strittigen Punkte das einzige, das weiterhelfen konnte. Und es ist diese Aufgabe, mit der Urban IV. den heiligen Thomas betraut. Er übergibt ihm eine anti-griechische Streitschrift mit der Bitte, die wirklichen Kontroverspunkte herauszulösen. Die Aufgabe ist für Thomas kaum zu bewältigen (weil er zum Beispiel nur höchst unzulänglich die griechische Sprache versteht; weil die Streitschrift vielerlei gefälschte Dokumente verwendet, die mit den textkritischen Hilfsmitteln des dreizehnten Jahrhunderts schlechterdings nicht zu durchschauen waren – und so fort). Dennoch ist die kleine Schrift des heiligen Thomas *Wider die Irrtümer der Griechen* (1263) aus mehreren Gründen wichtig. In ihr ist zum Beispiel das Prinzip der „wohlwollenden Interpretation" formuliert und verfochten, das heißt, einer Interpretation, die den zu deutenden Text, solange es eben möglich ist, verständlich und annehmbar zu finden sucht. Es ist in ihr auch die Unmöglichkeit beim Namen genannt, einen Gedanken dadurch sinngemäß von einer Sprache in die andere zu übertragen, daß man „Wort für Wort" übersetzt. Thomas hat, so scheint es, hier selber, trotz seiner mangelhaften Griechischkenntnis, erfahren, daß Übersetzung, genau genommen, überhaupt etwas Unmögliches sei, daß der vielgesichtige Sachverhalt in jeder Sprache auf ihre Weise, anders und dennoch gleichfalls richtig und wahr, ausgesprochen sei. Es ist kein Wunder, *non est mirum,* so sagt er in der Einleitung[183], das ist gar nicht anders erwartbar, es muß zu Unstimmigkeiten kommen, wenn so übersetzt wird, *quod verbum sumatur ex verbo,* daß für ein griechisches Wort jeweils ein bestimmtes lateinisches Wort gebraucht wird; man muß vielmehr den Wortlaut ändern, wenn der Sinn des Gesagten wirklich in die andere Sprache „hinübergetragen" werden soll. – Trotz der unvermeidlichen Unzulänglichkeiten dieser Schrift ist die Wiedervereinigung der griechischen und römischen Kirche damals dennoch zustandegekommen, wenngleich sie später, und zwar schon ziemlich bald, wieder aufgelöst worden ist; aber auf dem Konzil von Lyon, 1274, wurde die Union feierlich beschworen, nachdem beim festlichen Gottesdienst das Evangelium in lateinischer und griechischer Sprache gesungen worden war:[184] Albertus Magnus war dabei, Bonaventura war anwesend, Thomas war eingeladen – aber er war auf dem Weg zum Konzil gestorben.

Der gleiche Papst Urban IV. beauftragt Thomas, und zwar um die gleiche Zeit (1263), die Texte zur liturgischen Feier des damals eingeführten Fronleichnamsfestes zu verfassen oder zusammenzustellen: Lesungen, Gebete, Antiphonen, Hymnen und Sequenzen. Thomas hat den Auftrag angenommen, und das von ihm Zustandegebrachte ist immerhin ungewöhnlich; man traut es dem Verfasser der nüchternen *quaestiones* der *Summa theologica* kaum zu. Mag auch die Autorschaft an den Dichtungen nicht völlig original sein (dies trifft für viele Dichtungen des dreizehnten Jahrhunderts zu) – es ist erstaunlich, Thomas sagen zu hören: *„Lauda, Sion, salvatorem, Lauda ducem et pastorem in hymnis et canticis."* Wichtiger ist etwas ganz anderes, etwas, das allerdings weniger den Philosophierenden als den Theologen angeht; ich möchte es aber doch, im Vorbeigehen, erwähnen. Es ist völlig zutreffend, zu sagen, daß im Mittelalter eine fortschreitende Ablösung der mehr und mehr „subjektiven" Frömmigkeit von den großen „objektiven" Formen des Kult-Mysteriums, besonders vom öffentlichen Opfer als der Mitte des Kultes, geschehen sei und daß solche subjektiven Andachtsformen auch in den eigentlichen Kultraum eingedrungen seien. Man hat, mit mehr oder weniger Berechtigung, auch die Einführung des Fronleichnamsfestes als einen Schritt auf diesem Wege verstanden, und damit Thomas als *den* Mann, der die von der Opferfeier abgetrennten Formen der eucharistischen Frömmigkeit mitbegründet und sozusagen „eingeführt" habe. Wer dann allerdings den Herrenmahl-Traktat der *Summa theologica* liest, wird überrascht sein, dort genau das Gegenteil gesagt zu finden: Die Opferfeier ist *der* Ort des Sakramentes; „dieses Sakrament ist *zugleich* Opfer und Sakrament."[185] Und wer ferner die Texte des heiligen Thomas zum Fronleichnamsfest daraufhin durchliest, ob in ihnen etwa jene Loslösung und Abtrennung sich dokumentiere, als sei die sakramentliche Brotsgestalt mehr zum Gezeigtwerden und zum Angeschautwerden da als zum Gegessen-werden im Vollzug des Opfermahles – der wird von alledem nicht nur nichts bemerken, sondern er wird umgekehrt finden, daß viele Male vom *sumere* und *edere*, von der *manducatio*, von *esca* und *cibus* und von der *saturatio* die Rede ist, vom Essen also, vom Genuß, vom Mahle, von der Speise, von der Sättigung und, nicht zuletzt, von der Opferung.

*

Aufs Ganze gesehen, noch einmal, lebt Thomas das Leben eines Lehrenden, und dies mit der ganzen Hingabe, deren er fähig ist. In der *Summe wider die Heiden*, in dem ersten großen systematischen Entwurf, an den er sich wagt, findet sich eine schamhafte, indirekte Hindeutung auf das, was er als seine Lebensaufgabe, als *propositum nostrae intentionis*, betrachtet; aber sogleich gibt er einem anderen das Wort, um sich darin zu verbergen: „um die Worte des Hilarius zu gebrauchen: ‚Ich bin mir bewußt, es Gott schuldig zu sein, dies als die vornehmste Pflicht meines Lebens zu sehen, daß all mein Sinnen und Reden Kunde gebe von Ihm'"[186]. Das ist am Anfang der Laufbahn gesagt. Und in der Zeit kurz vor seinem Tode gesteht Thomas, nach einem langwährenden ekstatischen Außersichsein, dem Freunde Reginald: Er hoffe zu Gott, daß, wenn das Lehren und Schreiben nun zu Ende sei, dann auch schnell das Ende des Lebens kommen werde.[187]

Augustinus hat von sich selbst gesagt, er gehöre zu denen, die „schreiben, indem sie wachsen, und wachsen, indem sie schreiben". In solch direkter Rede hat Thomas nie von sich selbst gesprochen. Augustin also sagt von sich, er sei von Natur Schriftsteller. Theodor Haecker sieht in seiner Formulierung geradezu so etwas wie eine Definition des Schriftstellers. Ob man wirklich das Wesen des heiligen Augustinus begriffen hat, wenn man ihn als Schriftsteller versteht – das bleibt natürlich zu fragen. Aber ich glaube, wenn man „lehren" sagt statt „schreiben" und wenn man von Thomas sagt, er gehöre zu denen, die lehren, indem sie wachsen, und wachsen, indem sie lehren – dann hat man einen sehr wesentlichen Grundzug des heiligen Thomas zu fassen bekommen. Und hierüber, nicht über sich selbst, aber über das Lehren und über den Lehrenden hat Thomas sehr ausdrücklich gesprochen. Und es muß, an diesem Punkt, etwas gesagt werden über seine Theorie des Lehrens.[188]

Das Lehren, so sagt Thomas, ist eine der höchsten Formen von geistigem Leben überhaupt – und zwar deswegen, weil im Lehren *vita contemplativa* und *vita activa* verknüpft sind, nicht in der Weise bloß äußerlicher Zusammenfügung, nicht bloß „faktisch", sondern in einer natürlichen und notwendigen Verbindung. Der wirklich Lehrende gibt eine Wahrheit, die er zunächst als sie selbst, in rein empfangendem Hinblicken, erfaßt hat, weiter an Menschen, die gleichfalls dieser Wahrheit innewerden wollen und sollen. Der Lehrende also blickt auf die Wahrheit der Sachen – das ist der kontemplative Aspekt des Lehrens. Es ist auch der Aspekt des Schweigens, ohne welches das Wort des Lehrenden herkunftslos wäre, Gerede, Getue, Geschwätz, wenn nicht Betrug. Aber der Lehrende blickt zugleich in das Antlitz lebendiger Menschen – und er unterzieht sich der methodisch disziplinierten, mühevollen Arbeit des Verdeutlichens, des Aufweisens, der Vermittlung. Wo diese Vermittlung nicht stattfindet, da findet Lehren nicht statt. – Es ist also einer um so mehr Lehrer, je intensiver und je leidenschaftlicher er diese beiden Bezüge lebt: einerseits das Wahrheitsverhältnis, die Kraft schweigenden Vernehmens von Wirklichkeit; anderseits die Bejahung der Hörenden und Lernenden. Und man kann sagen, daß Thomas in seiner Person tatsächlich beides in einer äußersten Intensität realisiert hat. – Solche Verknüpfung ist keineswegs etwas Selbstverständliches. Es gibt große Denker und Forscher, die nicht die Fähigkeit haben, sich lehrend mitzuteilen, vielleicht haben sie auch nicht den Willen dazu. Goethe zum Beispiel – wiewohl Thomas durchaus verwandt in der Haltung selbstloser Wirklichkeitsgewahrung („das Auge Licht sein lassen", „die Objekte rein auffassen", „die völlige Entäußerung von aller Prätention": diese großartigen Goetheschen Formulierungen würde Thomas ganz und gar akzeptiert haben) – Goethe hat von sich selbst gesagt, es sei ihm mehr darum zu tun, in das Wesen der Dinge einzudringen, als „sprechend, überliefernd, lehrend [...] sich zu äußern"; in einem Brief an Schiller heißt es einmal, die Gabe des Lehrens sei ihm versagt. Für Thomas anderseits – das ist eigentlich schon klar nach dem, was über seine Liebe zum Streitgespräch gesagt worden ist – für Thomas ist diese Zuwendung zum Partner, zum Hörer, zum Leser und Schüler tief kennzeichnend. Die beste Kraft und die längste Zeit seines Lebens hat er nicht auf ein Werk der „Forschung" verwandt, sondern auf ein Lehrbuch für Anfänger, das allerdings zugleich die Frucht tiefster Versenkung in die Wahrheit ist. Die *Summa theologica* will ausdrücklich Anfängerlehrbuch sein. Wenn wir nicht wüßten, daß Thomas wenig Sinn für das Ironische gehabt hat, dann könnte man in der Tat die Vorrede zur *Summa theologica* für akuteste, sokratische Ironie halten. Dort nämlich heißt es, dem Sinne nach, etwa so: Gelehrte Bücher für Fortgeschrittene gibt es genug, aber es fehlt eine Gesamtüberschau für die Anfangenden, *ad eruditionem incipientium*. Ich meine, genau dies kennzeichne den Lehrer, daß er sich die Mühe macht, daß es ihm aber auch gelingt und gerät, vom Anfangenden her, aus der inneren Situation der erstmaligen Begegnung mit dem Gegenstand, zu denken, nicht bloß zu sprechen. Hier steckt etwas, das über den Bereich des „Methodischen", des „Didaktischen", der pädagogischen Kunstfertigkeit durchaus hinausgeht; besser gesagt: Hier verbindet sich die methodische Kunstfertigkeit, die man lernen kann, mit etwas anderem, das man wohl nicht eigentlich erlernen kann. Dies andere kann wohl nur zutreffend benannt werden, wenn man sagt: Es sei eine Frucht der Liebe, eben der liebenden Zuwendung zum Lernenden, der liebenden Identifizierung des Lehrenden mit dem Anfangenden. So wie das wahre Lernen, wenn es mit glücklichen Dingen zugeht, mehr ist als die bloße Aneignung von Stoff, nämlich das Hineinwachsen in eine geistige Wirklichkeit, die der Lernende, rein intellektuell betrachtet, noch gar nicht fassen kann, die ihm aber dennoch zugänglich und betretbar wird auf Grund der unkritisch glaubenden Verbundenheit mit dem Lehrenden, so auch, genauso, wird dem Lehrenden selber, sofern er es zustandebringt, sich liebend mit dem Anfangenden zu identifizieren, etwas zuteil, das dem reifen Menschen natürlicherweise versagt bleibt; es wird ihm nämlich zuteil, daß er die Wirklichkeit wie der Anfangende zu sehen vermag: mit der ganzen Unbefangenheit einer „ersten Begegnung" und zugleich mit der ausgereiften Erfassungs- und Durchdringungskraft des gebildeten Geistes! – Diese Frucht der Liebe ist Thomas in hohem Maße zuteil geworden; und ich meine, die Frische der Aussage und die klassische Einfalt der Diktion (wie sie in seinem Anfängerlehrbuch anzutreffen sind) erklären sich eben hierdurch.

Allerdings hat Thomas die Liebe des wahrhaft Lehrenden mit der meisterlichen Beherrschung des didaktischen Handwerks verknüpft. Über einige Grundsätze dieses Handwerks hat Thomas sich, in eben der Vorrede zur *Summa theologica,* ausdrücklich geäußert.[189] Zum Beispiel müsse, so heißt es bei Thomas, der Ekel vermieden werden, den das allzu Gewohnte und die ständige Wiederholung des Gleichen erzeugten. Dies aber heißt beileibe nicht, daß also der Lehrende den Gegenstand auf beliebige Weise „interessant" machen solle, damit der Lernende es leichter habe, sondern es handelt sich um folgendes: Alles tiefer dringende Erkennen, nicht nur das Philosophieren, beginnt mit dem Erstaunen. Wenn das wahr ist, dann kommt alles darauf an, daß der Lernende dahin geführt wird, an dem zur Rede stehenden Gegenstand diesen Charakter des Erstaunlichen, des *mirandum,* des „Neuen" überhaupt wahrzunehmen. Wenn dies gelingt, dann ist mehr getan und auch etwas anderes, als die Wissenschaft unterhaltsam und interessant zu machen. Vielmehr ist der Lernende wirklich auf den Weg gebracht worden, auf den Weg des echten Fragens, das jedes wahre Lernen befeuert; es ist, anders formuliert, dem Lernenden aufgegangen, daß das Eigentliche immer unselbstverständlich ist, verwunderlich, staunenerregend, tiefer, als es dem Alltagsverstand scheint. Hierauf also zielt Thomas. Und so wird man, denke ich, den Bericht der Zeitgenossen zu verstehen haben, Thomas habe durch die Neuheit seines Lehrens die Studenten der Universität Paris hingerissen („neue *articuli*", „eine neue Weise des Antwortens", „neue Argumente" – so heißt es in der ersten Biographie).[190] Hier ist keine Anfälligkeit für das jeweils Modische im Spiel, sondern die Überzeugung des großen Lehrers, daß die Wahrheit nicht anders gegenwärtig zu halten sei als in einer lebendigen Sprache, die das längst Erkannte und Gedachte immer wieder neu ergreift und prägt.

*

Inmitten der ungeheuren Beanspruchung durch die mit ganzer Kraft ergriffene Lehraufgabe (wozu noch die ständige Behelligung durch Anfragen der vielfältigsten Art hinzubedacht werden muß) hat Thomas seine großen systematischen Werke geschrieben. Einige davon sind der mehr oder weniger unmittelbare Niederschlag der Lehrtätigkeit selbst; aber gerade für die größten systematischen Werke, für die *Summa theologica* und für die *Summa contra gentes*, trifft das nicht zu. Man kann sich diese schon rein physisch imponierende Leistung wohl nur so erklären, daß Thomas in dem lärmenden Gewoge, vor allem der Pariser Auseinandersetzungen, zwar körperlich anwesend ist, daß er aber in Wahrheit in einer inneren Klausur lebt, in einer völligen und unversehrbaren Unbefangenheit des Herzens angesichts des Totum der Wirklichkeit; daß er, in einem die innerste Zelle seiner Seele erfüllenden Schweigen, einfach den vordergründig polemischen Lärm überhört, über ihn hinaus gehört haben muß, auf etwas ganz anderes, auf das eigentlich Wichtige. Man darf vielleicht sagen, daß in dieser Unstörbarkeit mehreres zusammengekommen ist und sich verbündet hat: eine im engeren Sinn mystische Entrückbarkeit; die Fähigkeit, sich von einem Gegenstand völlig hin-nehmen zu lassen (einmal, beim nächtlichen Diktieren, bemerkt er einfach nicht, daß die Kerze in seiner Hand niedergebrannt ist und seine Finger versengt); und schließlich auch die durch Willenszucht erworbene Konzentration, die ihm etwa erlaubt, drei bis vier Schreibern gleichzeitig zu diktieren, verschiedene Texte natürlich. – Auf solche Weise und unter solchen Bedingungen also ist, in diesem nicht ganz fünfzig Jahre währenden Leben, das riesige Werk entstanden, das in den Druckausgaben dreißig Foliobände umfaßt.

Die Frage, welches denn nun die „Hauptwerke" seien, ist nicht leicht zu beantworten; es kommt darauf an, was man unter „Hauptwerk" versteht. Man wird wohl am wenigsten darauf verfallen, die *opuscula* Hauptwerke zu nennen; aber wenn mit diesem Namen die Werke gemeint sind, die am stärksten auf die Zeit gewirkt haben, dann könnten durchaus die Streitschriften, sowohl die für die Armutsbewegung wie die gegen die „Averroisten", genannt werden. In jedem Fall gibt es unter den *opuscula* höchst gewichtige Äußerungen, zum Beispiel die Schrift über die politische Herrschaft und *De ente et essentia.*

Mit mehr Recht könnte man die „Hauptwerke" des heiligen Thomas unter den großen Kommentaren vermuten, die er geschrieben hat. Vor allem natürlich sind die zwölf Aristoteles-Kommentare zu nennen, sämtlich in den letzten acht Lebensjahren entstanden. Diese Kommentare sind *das* Dokument der Aristoteles-Rezeption, die das geistige Gesicht des Abendlandes verwandelt hat. – Übrigens hat Thomas auch Schriftkommentare geschrieben – zum Buch *Hiob,* zu den *Psalmen,* zu *Isaias,* zu *Jeremias,* zu *Matthäus* und *Johannes,* zu den *Paulusbriefen.* Obwohl sich in diesen Kommentaren so unvergleichliche Stükke finden wie die Erläuterung zum Johannesprolog („Im Anfang war das Wort"), die mit Fug die großartigste Formulierung der Logoslehre heißen kann, die in der abendländischen Theologie anzutreffen ist – dennoch würde ich mit allem Respekt die Meinung verteidigen, daß sich in diesen Werken des heiligen Thomas die Schwäche der scholastischen Dialektik zeigt. Die biblischen Texte sind größtenteils geschichtliche Äußerungen, die sich nicht wie logisch-systematische Abhandlungen auf die Form eines Syllogismus bringen lassen. Wir ertragen es schwer, die vierzehn Briefe des heiligen Paulus als einen klar disponierten Zusammenhang von Thesen erläutert zu finden, die miteinander nicht etwa geschichtlich, sondern logisch verknüpft seien.

Von den *Quaestiones disputatae* und den *Quaestiones quodlibetales* ist schon kurz die Rede gewesen. Sie machen keinen geringen Teil des Gesamtwerkes aus; in den lateinischen Ausgaben beanspruchen sie 1600 eng bedruckte Seiten. Und wenn man unter einem „Hauptwerk" ein Werk versteht, in welchem die Forschungsthematik eines Denkers am ausführlichsten zur Darstellung gelangt, dann müssen die *Quaestiones disputatae,* mit ihren zwanzig bis dreißig Argumenten in jedem *articulus,* unbedingt genannt werden. Man hat eine Zeitlang den Blick viel zu sehr auf die *Summa theologica* eingeengt – was dann zu einem sozusagen klassizistischen Thomasbilde geführt hat. In den *Quaestiones disputatae* hingegen tritt der „Problematiker" Thomas vor uns hin.[191] Hier sind die *quaestiones* wirklich Fragen, Verlegenheiten, Aporien. Die *Quaestiones disputatae* gehen oft genug so zu Ende wie die platonischen Dialoge: Sie machen ausdrücklich keinen Anspruch auf eine rundumfassende Antwort, sondern sie öffnen dem weiteren Suchen den Weg ins Unendliche. So etwa schließt der erste Artikel der *Quaestiones disputatae de veritate,* der die Frage erörtert: „Was ist Wahrheit?" Es wird keine Definition gegeben; vielmehr werden mehrere Kennzeichnungen genannt, die aber keineswegs glatt zusammenzudenken sind; keine wird als alleingültig anerkannt, keine wird schlechthin ausgeschlossen; die Bahn tut sich auf ins Unabsehbare, genauer gesagt: ins Unergründliche, ins *mysterium.* Chenu sagt[192], die späteren *Disputationes metaphysicae* des spanischen Jesuiten Suarez hätten nur noch den Namen gemeinsam mit den *Quaestiones disputatae* des dreizehnten Jahrhunderts. Die ursprüngliche Bedeutung von *quaestio*-Frage wird durch die spätere Scholastik so sehr unkenntlich gemacht, daß etwa Descartes sich – mit dem Titel seiner *Meditationen* – ausdrücklich dagegen verwahrt, etwa *quaestiones* schreiben zu wollen. – Zu den interessantesten, ja amüsantesten Schriften des heiligen Thomas gehören die *Quaestiones quodlibetales,* der

Niederschlag der freien Diskussionen, die Thomas an der Universität zu veranstalten liebt und in denen das zur Sprache gebracht ist, was die Zeit bewegt: von den Fragen nach der Struktur des Universums[193], nach der Verpflichtungskraft des irrigen Gewissens[194], nach der Erlaubtheit des gleichzeitigen Besitzes mehrerer Pfründen[195], nach dem Recht zur öffentlichen Kritik[196], bis zu der wahrscheinlich mutwillig gestellten (übrigens schon biblischen) Frage, wer stärker sei: der Wein, der König, die Frau oder die Wahrheit.[197]

Zum Schluß noch ein Wort über die beiden Summen, die *Summa contra gentes* und die *Summa theologica*. Beide sind Gesamtdarstellungen – und schon um dessentwillen darf man sie „Hauptwerke" nennen. Die *Summe wider die Heiden* ist trotz des Titels gerade kein polemisches Werk. Das ist das Neue an ihr: Es handelt sich nicht mehr um „Kreuzzug", sondern um „Begegnung"[198]. Natürlich ist es Thomas um den Erweis der christlichen Wahrheit zu tun und also um die Widerlegung der *mahumetistae et pagani*, an die er sich wendet; aber es ist auf eine Widerlegung in der Weise des Streitgespräches abgesehen, in welchem die gegnerische Position mit ihren stärksten Argumenten, gerade mit ihnen, zu Wort gebracht wird. Noch etwas anderes ist charakteristisch für diese erste *Summa* des heiligen Thomas, die er zwischen dem vierunddreißigsten und achtunddreißigsten Lebensjahr schreibt. Auf die Heilige Schrift, so sagt er, kann ich mich nicht berufen, weder auf die des Alten Testaments, wie im Gespräch mit den Juden, noch auf die des Neuen Testaments, wie im Gespräch mit den Häretikern. Es ist also notwendig, „zurückzugehen auf die natürliche Vernunft, welcher alle zuzustimmen genötigt sind, welche jedoch in den göttlichen Dingen versagt"[199]. Und dann spricht er, als warne er sich selbst, von der *praesumptio comprehendendi et demonstrandi*, von der Vermessenheit des Begreifen- und Beweisenwollens. Dennoch packt er die Riesenaufgabe an, in einer Haltung, die man vielleicht als tapfere Resignation der *ratio* bezeichnen kann.

Die *Summa theologica* endlich ist das Werk, an welchem Thomas sieben Jahre seines Lebens, bis in das letzte hinein (nicht freilich bis zum Tode), gearbeitet und das er dennoch unvollendet zurückgelassen hat. Sie ist das *opus magnum*; schon der Torso enthält dreitausend Artikel. Der Vergleich mit den gotischen Kathedralen ist allzu oft angeführt worden, als daß er noch ergiebig scheinen könnte. Wer allerdings Chartres nicht bloß als ein Stück Architektur versteht, sondern als den Versuch, das Mysterium Christi als des Befreiers der Schöpfung[200] bauliche Gestalt werden zu lassen, der wird den Vergleich der *Summa* mit der Kathedrale dennoch nicht von Anfang an abweisen. Auch die *Summa* des heiligen Thomas macht in ihrer kühnen und übrigens völlig originalen Architektur den Versuch, einen die Struktur des Wirklichkeitsganzen spiegelnden Gedanken adäquat auszusprechen. „Die Wirklichkeit" – das ist im Grunde nicht statischer Bestand, sondern Geschehen, Dynamik, genauer gesagt: Geschichte, das heißt, geistgewirktes, aus Freiheit erfließendes Geschehen. Das Problematische an jeder systematischen Gesamtschau liegt natürlicherweise in der Gefahr, daß dieser Geschichtscharakter des Wirklichen durch das organisierte Gefüge von Begriffen und Thesen zum Verschwinden gebracht werden könnte. Das Geniale anderseits der *Summa theologica* des heiligen Thomas liegt genau in diesem Punkt. Sie bringt es zustande, Geschichte *und* System zu verknüpfen, die Erfassung des Geschehenscharakters der Wirklichkeit *im* Ordnungsgefüge der Gedanken zu vollziehen. Will man den Aufbau der *Summa* adäquat wiedergeben, dann kann man eigentlich nicht, wie in einer Disposition, die Titel ihrer drei Teile untereinander schreiben; man müßte sie in Gestalt einer Kreislinie anordnen, eines in sich zurücklaufenden Ringes: das Hervorströmen der Wirklichkeit aus dem göttlichen Ursprung, das schon mit der allerersten Regung natürlicherweise auf dem Wege der Rückkehr zu dem gleichen Ursprung ist, wobei der mit der Schöpfung in Christus eins gewordene Schöpfer selber als der Weg dieser Rückkehr sich zeigt. Thomas selbst hat das ganz früh, schon im ersten Buch seines Sentenzenkommentars, als Achtundzwanzigjähriger, ausgesprochen: „Im Hervorgang der Kreaturen aus ihrem ersten Ursprung zeigt sich eine Art Kreislauf, *quaedam circulatio vel regiratio,* indem nämlich alle Dinge als zu ihrem Ende ebendorthin zurückkehren, von woher sie im Anfang ihren Ausgang genommen haben."[201]

IX

Wenn man nach der sprachlichen Gestalt des riesigen Werkes fragt, das Thomas hinterlassen hat, so wäre die naheliegende Antwort, das Ganze sei in lateinischer Sprache geschrieben, zwar schlecht und recht zutreffend, aber sie würde doch nur etwas sehr Äußerliches benannt haben. Man kann sich heute durch den Buchhändler Ciceros *Gespräche in Tusculum*, die *Summe wider die Heiden* des heiligen Thomas und die neuscholastischen *Elementa Philosophiae Aristotelico-Thomisticae* beschaffen: Alle drei Werke, in modernen Ausgaben verfügbar, sind „in lateinischer Sprache geschrieben". Zwischen dem ersten und dem zweiten Buch liegen dreizehnhundert Jahre, zwischen dem zweiten und dem dritten sechshundertfünfzig Jahre; und natürlich ist, schon auf Grund dieser Tatsache, das Latein von sehr verschiedener Art. Aber ich möchte auf einen Unterschied von ganz anderem Charakter hinaus – nicht auf das Unterschiedliche der literarischen Meisterschaft, des Wortschatzes, der Grammatik oder gar der inhaltlichen Thematik. Die tusculanischen Gespräche sind offenbar in der Muttersprache des Verfassers geschrieben, für das neuscholastische Lehrbuch trifft das ebenso offenkundig *nicht* zu. Das Latein Ciceros, das er selber schreibt, ist lebende Sprache; das neuscholastische Latein ist tote Sprache. Wie aber verhält es sich in dieser Hinsicht mit dem Latein der *Summe wider die Heiden*? Daß es nicht möglich ist, hierauf eine glatte Antwort zu geben – eben dies ist das Interessante. Die Sprache, in der Thomas seine Bücher geschrieben hat, war zwar nicht einfachhin seine Muttersprache; und dennoch war dieses Latein dem heiligen Thomas unendlich viel näher und „natürlicher" als das neuscholastische Latein dem heutigen Verfasser eines Lehrbuchs der Philosophie. Nicht nur deswegen, weil Thomas, als Italiener und Romane, das Latein sozusagen noch „in den Knochen" gehabt hätte, sondern auch, weil das mittelalterliche Latein noch nicht, wie das heutige Latein, eine schlechthin tote Sprache war. Freilich war es auch nicht eine schlechthin lebende Sprache. Der wirkliche Sachverhalt ist schwer zu umschreiben.

Wenn wir heute ein lateinisch geschriebenes Buch des dreizehnten Jahrhunderts, also etwa die *Summe wider die Heiden*, lesen, dann stehen wir, mehr oder weniger unbewußt, unter der Wirkung des vernichtenden Urteils, das die Humanisten zu Beginn der „Neuen Zeit“ über dies Latein gefällt haben. Von der *Sprache* her ist ja die Epochen-Einteilung „Altertum-Mittelalter-Neuzeit“ zuerst gedacht worden: Das Mittelalter ist die Zwischenzeit ohne selbständige Bedeutung, die „Pause“ sozusagen, zwischen der Epoche der antiken Klassik und deren Erneuerung und Wiedergeburt bei den Philologen des Humanismus. – Laurentius Valla, der streitbare Rhetorikprofessor des fünfzehnten Jahrhunderts, der Verfasser des Grundbuches humanistischer Latinität *De elegantiis linguae Latinae,* nennt den „ersten Scholastiker“, Boethius, zugleich den ersten, der jenes „barbarische“ Latein gesprochen und geschrieben habe.[202] Die Sprache ist, noch für Hegel etwa, das eigentlich Abschreckende an der mittelalterlichen Philosophie. Es sei, so sagt er, „keinem Menschen zuzumuten“, diese Werke zu lesen, da sie „ebenso umfassend als dürftig, schrecklich geschrieben und voluminös“ seien.[203]

Die Sprachwissenschaft der letzten Jahrzehnte hat dieses Urteil einigermaßen korrigiert – wenngleich die Urteile äußerst vielfältig lauten. So wird etwa gesagt: Das mittelalterliche Latein sei weitergewachsen, so wie „nach dem Glauben des Volkes Haare und Nägel des toten Menschen noch weiterwachsen“[204]; oder es sei vergleichbar einer Undine, „die in heimlichem Verkehr mit einem auserwählten Manne wirkliche lebensfähige Kinder bekommt“[205]; oder es gleiche den Tieren im Käfig: keine Freiheit, keine wirkliche Entfaltungsmöglichkeit, aber doch manchmal ein Sichaufbäumen und ein Sichtbarwerden der ursprünglichen Kraft.[206] Aber es wird auch gesagt, dieses Latein habe seine Würde, seine Bedeutung und auch seine Lebendigkeit *darin,* „die Sprache einer Ideengemeinschaft“[207] zu sein, „die Muttersprache des Abendlandes“[208], „Traditionssprache“[209]. Das Zuständigste, Sachkundigste und Begründetste zu diesem Thema hat neuerdings die holländische Philologin Christine Mohrmann gesagt, in einer Abhandlung über den Dualismus des mittelalterlichen Latein.[210] Den „Dualismus" versteht sie so: Das mittelalterliche Latein lebe nicht bloß vom Erbe der Antike, sondern auch und vor allem, was die moderne Sprachwissenschaft zu übersehen oder zu unterschätzen pflege, aus dem gelebten, besonders dem liturgischen Leben der christlichen Gemeinschaft.[211] Die abschließende Kennzeichnung, zu der Christine Mohrmann gelangt, ist diese: *„une langue vivante, sans être la langue d'une communauté ethnique"*[212], obwohl nicht Sprache einer volklichen Gemeinschaft, dennoch eine lebende Sprache – eine Sprache auch, die sich lebendig weiterentwickelt. Was man im Mittelalter will, das ist nicht die Restaurierung, sondern die Nutzung des antiken Erbes![213] Das Latein *wird* erst zur toten Sprache, als der Klassizismus siegt, als das Latein Ciceros zum verehrungswürdigen Museumsstück wird, „behütet durch andachtsvolle Konservatoren, eben durch die Humanisten und klassischen Philologen"[214]. – Die Bemühung der Humanisten gibt sich zwar als eine ganz und gar aristokratische Sache; in Wirklichkeit geschieht eine sklavische Nachahmung, eine „servile Reproduktion" des klassischen Latein[215] – woran das Schlimmste ist, daß genau auf diese Weise der Tod der lateinischen Sprache besiegelt wird. Schließlich ist auch das Französische wie die anderen modernen romanischen Sprachen entstanden aus einer Art „Pidgin-Latein", aus dem zweifellos sehr wenig ciceronianischen „business-Latein" der Händler und Soldaten – was aber weder verhindert hat, daß die französische Sprache eine höchst lebendige, noch, daß sie eine äußerst kultivierte und differenzierte Sprache geworden ist. Das Schlimme am Humanisten-Latein ist, daß es das Sprechen vom Leben trennt, und zwar auch vom Leben des Gedankens – wohingegen das Latein der Scholastik lebendige Sprache ist, *la langue vivante de l'Université*.[216]

Diese Dinge sind von großer Wichtigkeit für das richtige Verständnis des heiligen Thomas. Sehr anders als die heutige Neuscholastik, die sich auf ihn beruft und seine Lehre zu vergegenwärtigen beansprucht, hat nämlich Thomas nicht eine tote und artifizielle, sondern eine lebendige und eine natürliche Sprache gesprochen. Man kann auch sagen: Thomas hat eine *Sprache* gesprochen und in ihr geschrieben, aber er hat sich nicht „einer *Terminologie* bedient"!

Die Sprache des heiligen Thomas ist allerdings nicht einfachhin als „mittelalterliches Latein" zu bezeichnen. Dieser Name ist viel zu umfassend: Er übergreift die Dichtung von der Zeit des Venantius Fortunatus über Alcuin, Roswitha von Gandersheim, Hildegard von Bingen zum Sonnengesang des Franz von Assisi; ferner die philosophisch-theologische Prosa von Boethius über Anselm zu Bonaventura und Duns Scotus; und außerdem natürlich das *gesprochene* Wort – gesprochen nicht nur im Gottesdienst, sondern auch bei feierlichen Akten juristischer oder politischer Natur, in der Predigt, im internationalen diplomatischen Verkehr, und übrigens auch gesungen (die *Carmina burana* waren schließlich nicht Lesestücke!). Innerhalb dieses Bereiches grenzt die Formulierung *„la langue vivante de l'Université"* einen erheblich engeren Kreis ab. Thomas spricht das Latein der Universität, der Schule, der Hochscholastik; es ist die Sprache des Lehrens, eine demnach primär auf Verdeutlichung, Klarheit, Unmißverständlichkeit bedachte Sprache. Damit ist sogleich, natürlicherweise, auch eine Grenze gesetzt, eine Grenze in bezug auf das rein Sprachliche. Der weltmännische Gentleman Johann von Salisbury schreibt hundert Jahre vor Thomas ein viel eleganteres, sozusagen mehr essayistisches Latein, mit gelegentlichen ironisch-witzigen Einschüben. Das verschwindet ebenso wie die von mystischem Gefühl geformte Sprache der großen Viktoriner. An die Stelle tritt eine völlig auf die Sachaussage zielende Sprache, die auf alle Musikalität verzichtet. Es ist die *lingua Parisiensis,* die übrigens ein anderer großer Humanist, Pico della Mirandola, gegen seine Florentiner Freunde verteidigt hat: „Möglich", so sagt er, „daß ihre ein wenig spröde Sprache dem Ohre beleidigend ist; aber die Vernunft akzeptiert sie, weil sie der Wirklichkeit näher ist"[217] (näher als eure musikalische Eleganz, soll das doch wohl heißen).

Mit diesem Charakter der Schulsprache ist, außer der Richtung auf Klarheit und nichts als Klarheit, noch eine andere, nicht völlig ungefährliche Neigung gegeben: die Tendenz, „technische" Sprache zu werden, das heißt, eine Sprache, die das Wort auf eine spezielle Bedeutung einzuschränken sucht. „Geschwindigkeit" ist zwar ein Wort der allgemeinen, natürlichen Sprache; aber wenn in Physik-Lehrbüchern von „Geschwindigkeit" die Rede ist, dann handelt es sich um eine Vokabel, die ihren Platz in einer festen Terminologie hat. Es ist etwas gemeint, das der ansonsten dies Wort Gebrauchende vielleicht gar nicht versteht. Wo immer man mit möglichster Eindeutigkeit sprechen will, gibt es diese Tendenz, die natürliche „Sprache" zu verlassen und an ihre Stelle eine „Terminologie" zu setzen. Im scholastischen Latein ist das nicht anders. Aber man kann, glaube ich, sagen, daß Thomas – vielleicht als einziger unter den Großen – das Gefährliche dieser Tendenz gesehen hat; und er ist, so gut es ging, dieser Gefahr entgegengetreten. Er will zwar, völlig entschieden, die äußerste Eindeutigkeit des Ausdrucks; er will nicht Wohlklang, nicht „Lyrik". Aber er mißtraut in hohem Maße der artifiziellen, künstlichen Sprache; er mißtraut der bloßen Terminologie.

Noch etwas Drittes ist über die Sprache der mittelalterlichen Universitäten, das scholastische Latein, zu sagen: Es ist weithin eine übersetzende und also eine notgedrungen unoriginale Sprache. Im Bereich der Philosophie (und Theologie) ist das Lateinische eigentlich seit je eine unselbständige Sprache gewesen; seit je haben die großen Schriftsteller der Römer ihre sprachschöpferische Kraft in der Übersetzung (aus dem Griechischen) erweisen müssen. Cicero hat zum Beispiel das griechische Wort „Atom", unteilbares Teilchen, übersetzt mit dem lateinischen Wort *individuum*. „Theoria" empfängt als Äquivalent die *contemplatio*. Seneca, gleichfalls ein großer Übersetzer, beklagt sich, der Römer müsse, um einen philosophischen Sachverhalt adäquat auszudrücken, ständig die Worte mißhandeln und verdrehen (*torquere*); er stöhnt, es gebe kein lateinisches Wort, um auszusprechen, was Platon und Aristoteles *to on* genannt hätten, das

Seiende.[218] Es ist also ein „altes Leiden", daß die lateinische Sprache, sobald es vor allem um Philosophie geht, eine übersetzende Sprache ist. Der Römer Boethius, der in Athen seine Studien gemacht hat und nun den Plan faßt, den ganzen Platon und den ganzen Aristoteles durch Übersetzung und Kommentar dem lateinischen Westen zugänglich zu machen – Boethius setzt diese alte Bemühung fort: *principium, actus, universale, subiectum, definitio* und viele andere, uns heute völlig geläufige Worte hat Boethius mit einem besonderen Sinn verbunden und den vorausliegenden griechischen Worten zugeordnet.

Und nun kommt, Ende des zwölften Jahrhunderts, dem lateinischen Abendlande der ganze Aristoteles in Sicht (von dem Boethius ja nur einen winzigen Teil übersetzt hat): die aristotelische Metaphysik, die Ethik, die Psychologie. Dies alles muß nunmehr übersetzt, zunächst einmal einfach „hinübergetragen", faßlich gemacht werden, so daß einigermaßen deutlich werde, was hier gesagt und gemeint ist. Hierdurch bekommt die Sprache der Universität, das scholastische Latein, seine letzte Prägung – auf eine unvermeidlich gewaltsame Weise. Es ist einfach nicht Zeit genug zum „organischen Wachsen". Und man muß bedenken: Es ist nicht etwa Platon, der da übersetzt sein will, nicht der in seinen Dialogen die natürliche, gewachsene Sprache des schlichten Menschen aufnehmende und überhöhende, dichterische Platon; nein, es ist der strenge, nüchterne Schulmeister Aristoteles. Er muß mit den Mitteln der von Natur unphilosophischen Sprache der Römer bewältigt und angeeignet werden. Immerhin, es geschieht nicht einfachhin so etwas wie ein „Eindringen" des aristotelischen Schrifttums – als sei das ein Vorgang gewesen, der sozusagen „von selbst" passiert und dem die wachen Geister der Epoche hätten zuschauen können. Vielmehr handelt es sich um eine ungeheure Aktivität ebendieser Geister; es handelt sich nicht um ein „Eindringen", sondern um eine lebendige Aneignung. Dies Übersetzen bedeutet, daß man sich eines äußerst differenzierten Instruments bemächtigt und es zu handhaben lernt.[219]

In dem Felde dieses nun einigermaßen im Grundriß beschriebenen mittelalterlichen und, spezieller, scholastischen Latein ist Thomas, als Sprechender und Schreibender, dennoch eine völlig unverwechselbare Gestalt. Der außerordentliche Abstand von Augustin ist für den, der unvermittelt von einem dieser beiden großen Lehrer der Christenheit zu dem anderen sich wendet, immer wieder eine bewegende Erfahrung. „Spät habe ich dich geliebt, du Schönheit, ewig alt und ewig jung, spät habe ich dich geliebt! Und siehe, du warst bei mir drinnen, und ich lief hinaus und suchte dich draußen; ich stürzte mich auf das Schöne, das du geschaffen, ich, der Entstellte. Du warest bei mir, aber ich war nicht bei dir. Und was mich von dir fernhielt, waren Dinge, die nicht wären, wären sie nicht in dir. Du aber riefest und schrieest und brachst meine Taubheit [...]. Du hast mich angerührt, und ich bin entbrannt nach deinem Frieden" – das ist Augustinus.[220] Im ganzen Werke des heiligen Thomas gibt es so etwas nicht. Es gibt bei Thomas nicht diese Brillanz des Stiles, nicht dieses Funkeln der Worte, nicht diese Musik, und es gibt auch nicht diesen persönlichen Ton. Es ist völlig unmöglich, hinter den Worten Augustins den lebendigen Menschen nicht zu erkennen, der „jetzt", aus dieser besonderen Verfassung heraus, spricht. Thomas hingegen ist nicht zu erkennen hinter seinen Worten; seine Worte sind wie kristallische Bildungen, bei deren Anblick man nicht daran zu denken pflegt, daß auch sie schließlich aus einer Mutterlauge entstanden sind. Niemand wird behaupten wollen, die Prägungen Augustins seien undeutlich, sie sind oft von geradezu unübertrefflicher Anschaulichkeit. Aber Thomas will im Grunde etwas anderes und ausschließlich dieses andere mitteilen und deutlich machen: nicht seinen inneren Zustand, sondern die Einsicht in einen Sachverhalt. Dies schließt große Form nicht aus, natürlich nicht; es schließt auch Schönheit nicht aus. Und es findet sich bei Thomas diese herbere Schönheit durchaus. Es spricht auch vieles dafür, daß Thomas solche Schönheit gewollt hat. Der folgende Satz aus der *Summe wider die Heiden*: „Offenbar falsch ist die Meinung derer, die sagen, es mache für die Wahrheit des Glaubens nichts aus, was einer von der Schöpfung denke, wenn er nur von Gott die rechte Meinung habe: denn ein Irrtum über die Schöpfung wirkt sich aus in einer falschen Meinung von Gott"; *sic ergo patet falsam esse quorundam sententiam, qui dicebant nihil interesse ad fidei veritatem, quid de creaturis quisque sentiret, dummodo circa Deum recte sentiatur […]: nam error circa creaturas redundat in falsam de Deo sententiam*[221] – dieser Satz, so scheint mir, ist etwas den letzten Takten einer Bachschen Orgelfuge durchaus Benachbartes. Sprachliche Schönheit gibt es also bei Thomas durchaus. Aber es ist nicht eigentlich die Schönheit des Kunstwerkes. Diese Sprache ist schön, wie ein vollendetes Werkzeug schön ist.

Dennoch hat Thomas die Sprache niemals als ein bloßes Werkzeug verstanden. Dies ist, wie ich glaube, ein Punkt von einiger Wichtigkeit, und außerdem ein Punkt von einiger Aktualität. Im Bereich des von der Logik und Logistik bestimmten Philosophierens ist vielfach die Meinung anzutreffen, die menschliche Sprache sei, so wie der Hammer oder die Bohrmaschine, ein Werkzeug, eben ein Werkzeug der Mitteilung; und wenn dies Werkzeug sich nicht als recht geeignet erweise, dann werde es schlichthin verbessert oder ausgetauscht gegen ein anderes. Das hört sich zunächst gar nicht übel an. Aber ich muß noch etwas deutlicher werden; die Meinung ist oft genug: Die gewachsene, geschichtliche, natürliche Sprache habe sich – jedenfalls im philosophischen Bereich – weithin als ein ungeeignetes Werkzeug erwiesen, und dieses ungeeignete Werkzeug also müsse, um den Sinn von Sprache überhaupt zu retten, gegen ein geeignetes ausgetauscht werden, nämlich gegen eine auf Konvention beruhende, artifizielle Sprache, die statt der natürlichen Worte Symbole (Zeichen) verwendet. – Es liegt mir nun sehr daran, zu zeigen, daß Thomas in diesem Punkte anderer Meinung ist und daß dies eine Stellungnahme von höchster prinzipieller Bedeutung ist. Zur Rede steht das Verhältnis von gewachsener, geschichtlicher Sprache und konventioneller, künstlich hervorgebrachter Fach-Sprache, das Verhältnis, wie schon gesagt, von „Sprache" und „Terminologie" – wobei vielfach sogar im Grunde bestritten wird, daß es überhaupt einen prinzipiellen Unterschied zwischen „Sprache“ und „Terminologie“ gebe; *alles* Reden sei vielmehr ein Umgehen mit willkürlich abzuändernden, auswechselbaren, nach Belieben, *ad placitum*, zu gebrauchenden „Werkzeugen“. Was übrigens den Begriff „Werkzeug“ betrifft, so muß man unterscheiden zwischen dem *instrumentum coniunctum* und dem *instrumentum separatum*, zwischen dem mit dem Handelnden unmittelbar verbundenen und dem von ihm abgetrennten Werkzeug: Die Hand ist ein *instrumentum coniunctum*; der Hammer ist ein *instrumentum separatum*. Thomas hat zwar diese Unterscheidung nicht selbst auf das Verhältnis zwischen gewachsener Sprache und artifizieller Terminologie angewandt[222]; aber es ist in seinem Sinne, zu sagen: Die natürliche, geschichtliche, gewachsene Sprache ist, wie die Hand, ein *instrumentum coniunctum*. Und das besagt dreierlei: Erstens vermögen wir sie offenbar nicht selbst zu „machen“, wie einen Hammer; zweitens können wir sie nicht willkürlich abändern, was bedeutet, – daß wir auf sie angewiesen sind und daß sie Verbindlichkeit für uns besitzt; und drittens können wir auch die artifizielle Terminologie nur mit Hilfe und auf Grund der natürlichen Sprache gebrauchen (und verstehen), so wie wir die Hand brauchen, um den Hammer zu handhaben. Alles das bedeutet, zusammengefaßt, folgendes: Die Terminologie lebt von der natürlichen, geschichtlichen Sprache; diese bleibt das verbindliche Fundament aller Kommunikation, während die Terminologie solche Verbindlichkeit nicht besitzt.

Ich sage nicht, daß „Terminologie“ nicht etwas sehr Sinnvolles und Praktisches, ja sogar etwas Unvermeidliches sein könne, vor allem natürlich in der Wissenschaft. Wenn der Kliniker *„exitus“* sagt, so meint er, sehr präzis, einen klar umschriebenen physiologischen Vorgang: „präzis“, das heißt abgeschnitten, herausgeschnitten, künstlich herausgelöst aus der vollen Realität. Das dem Terminus *exitus* zugeordnete „Wort“ (der natürlichen Sprache) heißt: „Tod“. Dieses Wort meint *nicht* etwas „Präzises“, sondern den Gesamtvorgang, zwar auch das physiologische Faktum, aber darüber hinaus noch vieles andere, die unverkürzte Realität dessen, was sich im Sterben wirklich zuträgt: die Beendigung des *status viatoris*, zum Heil oder zum Unheil; den Verlust von Vater, Kind, Gattin – und noch einiges andere, das vielleicht überhaupt nicht benennbar und erkennbar ist. All dieses, eben das Ganze, ist in dem Worte „Tod" anwesend, auch das Unfaßbare; es wird vernehmlich einzig dem, der die lebendige Sprache, hörend und redend, mitvollzieht. Das Wort „Tod" widersetzt sich der verkürzenden Einengung auf eine Teilbedeutung. Weil es nicht „präzis" (abgeschnitten) ist, gerade darum ist es zutreffender, genauer als der Terminus. Und vornehmlich im philosophischen Bereich handelt es sich um die Grundsachverhalte, die das Ganze der Welt und des Daseins widerspiegeln: Glück, Tod, Liebe, Wahrheit, Wirklichkeit, Leben und so fort.

Was aber die Stellungnahme des heiligen Thomas betrifft, so ist zweierlei zu sagen, etwas Negatives und etwas Positives. – Das Negative: Es gibt bei Thomas, allem ersten Anschein zum Trotz, keine eigentliche Terminologie. Eine sehr ins einzelne gehende Untersuchung hat das völlig deutlich gemacht;[223] Thomas hat sich tatsächlich keine festen, eindeutig fixierten Termini geschaffen, an die er sich dann auch selber konsequent gehalten hätte. Er liebt es, im Gegenteil, mehrere synonyme Ausdrücke nebeneinander zu verwenden.[224] Nicht weniger als zehn verschiedene Formeln gebraucht er, um den Begriff der Relation zu bezeichnen[225]; das Wort *forma* hat bei Thomas zehn verschiedene Bedeutungen[226]; die *causa efficiens* heißt einmal *causa effectiva*, ein andermal *causa agens* oder auch *activa* oder *movens*.[227] Dies alles aber ist nicht nur faktisch so, sondern Thomas will es so. Es ist, wie Blanche sagt, nicht eine bloß zufällige Temperamentssache, sondern es ist der Ausfluß bestimmter, klar formulierter Prinzipien. Er vermeidet ausdrücklich die exakte, „präzise" Definition solcher Grundbegriffe wie „Erkenntnis"[228] oder „Wahrheit". Thomas ist davon überzeugt, daß es einen schlechthin adäquaten, den Sachverhalt rundum bezeichnenden und ausschöpfenden Namen, der jeden anderen Konkurrenten ausschließen und also allein gelten könnte, gar nicht gibt. Chenu hat das so formuliert: *La clarté des mots ne lui dissimule pas le mystère des choses,* die Klarheit der Bezeichnung verdeckt ihm nicht das Geheimnis in den Dingen.[229]

Zweitens muß, positiv, gesagt werden: Entscheidend ist für Thomas niemals die vom einzelnen Denker, auch nicht die von ihm selbst „gesetzte“ Definition, sondern entscheidend ist der *Sprachgebrauch,* der *usus,* das heißt, das lebendige Sprechen der Menschen. Das hat er viele Male, übrigens meist unter Berufung auf Aristoteles, ausgesprochen. Auch Aristoteles selber verfährt so, und auch er hat es ausdrücklich formuliert: „Im Benennen der Dinge muß man mit den Vielen gehen.“[230] Der Sprachgebrauch, das lebendige Sprechen der Menschen: das sind natürlich nicht leicht zu beschreibende Dinge. Selbstverständlich sind damit nicht die Mangelformen des trivialen, verarmten, nachlässigen, jargonhaften Redens der Straße gemeint (obwohl man festgestellt hat, daß Thomas sogar die mißbräuchliche Verwendung eines Wortes nicht immer verwirft[231]). Gemeint ist mit dem „Sprachgebrauch“ das aus der lebendigen Sprachwurzel sich speisende Reden des im besten Sinn „gebildeten“ Menschen – einbeschließend wohl auch das dichterische Wort, selbst die aus dem Sprachgeist vollzogene dichterische *Neu*bildung. Ausgeschlossen dagegen ist die von der Sprachwurzel abgeschnittene papierene Fachsprache (die freilich heute immer mehr die Form der öffentlichen Äußerung zu bestimmen beginnt: eine Gefährdung nicht so sehr irgendwelcher „Sprachreinheit“ als vielmehr der menschlichen Fähigkeit, die tieferen Dimensionen der Welt überhaupt noch anzusprechen und auszusprechen, ja sie auch nur wahrzunehmen). – Thomas also sagt: *nominibus utendum est ut plures utuntur*[232], man muß die Namen so gebrauchen, wie es durchschnittlich geschieht. Das heißt nicht allein, daß man nicht willkürlich neue Namen prägen oder bestehende Namen in willkürlich neu gesetzter Bedeutung verwenden soll; es heißt auch: daß man in der Erforschung der Bedeutung etwa solcher Grundworte wie „Gerechtigkeit“ den lebendigen Sprachgebrauch befragen solle. (Den Sprachgebrauch – und nicht die

Etymologie![233] Ich glaube, daß Heideggers Verfahren, die Bedeutung der Grundworte aus der Etymologie zu ermitteln, erweisbar resultatlos, wenn nicht in die Irre führend ist.) Nach jener Maxime also verfährt Thomas selbst. Er fragt etwa: Was meinen die Menschen, wenn sie sagen „ähnlich"? Eigentlich, so scheint es dem ersten Blick, könnte man sich mit der Definition, die sich in den philosophischen Wörterbüchern findet, zufriedengeben. Es klingt doch völlig einleuchtend, zu sagen, zwei Dinge seien einander „gleich", wenn sie in *allen* Merkmalen, und sie seien einander „ähnlich", wenn sie in einem *Teil* der Merkmale übereinstimmen. Das hört sich sogar ausgesprochen exakt an. Thomas aber gibt sich damit nicht zufrieden. Er befragt den menschlichen Sprachgebrauch, der sich erst zeigt in der ganzen Vielfalt der tatsächlichen Verwendungsmöglichkeiten eines Wortes oder auch in der *Un*möglichkeit, es in einem bestimmten Zusammenhang zu verwenden. Es ist aber offenbar unmöglich, so stellt Thomas fest, zu sagen, der Vater sei dem Sohne ähnlich – woraus sich ergibt, daß der Begriff „Ähnlichkeit" noch etwas anderes enthält, als jene so exakt scheinende Definition ahnen läßt, nämlich ein Element von Abkunft, Herkunft, Ursprung.[234] – Freilich, was ist das für eine Art von Verbindlichkeit und Verpflichtung, die uns hindert, dennoch davon zu reden, der Vater sei dem Sohne ähnlich? Das ist schwer zu sagen. Dennoch ist da so etwas wie eine Verpflichtung. Und Thomas erkennt sie an – womit er zugleich sagt, daß in der natürlichen geschichtlichen Menschensprache etwas sei, worüber wir nicht, wie über die von uns gemachten Dinge und Werkzeuge, verfügen können, worüber zu verfügen uns nicht zusteht.

Es bleibt noch ein Wort zu sagen über den Thomas kennzeichnenden inneren Stil der Rede und des Sprechens. Thomas scheint mit Goethe darin übereinzustimmen, daß er, vor die Wahl gestellt, jeweils den weniger „bedeutenden" Ausdruck vorzieht.[235] Alles Auffällige und Ungewohnte in der Formulierung wird vermieden. Natürlich hat das auch Nachteile. Die Gefahr freilich, daß solche schmucklose, trockene Klarheit langweilt, muß man sich im Falle des heiligen Thomas gemildert denken, nicht allein durch das Tempo des Vortrags, sondern wohl auch durch die dazugehörige Gestik: Beide, Gestik wie Tempo, sind süditalienisch vorzustellen. Doch ist das vielleicht nicht sonderlich wichtig.

Entscheidend für den inneren Stil der Rede des heiligen Thomas scheint mir die Nüchternheit zu sein – womit natürlich nicht Mattheit des Temperaments, Unfähigkeit zur Begeisterung oder Mangel an Schwung gemeint ist. Gemeint ist vielmehr die leidenschaftliche Ablehnung und Vermeidung alles dessen, was die Realität verdeckt, verundeutlicht, entstellt; gemeint ist die äußerste, durch keinerlei Subjektivität eingeschränkte Offenheit für das Wirkliche; die Sorge, nur ja alles das, freilich auch nur das, zu fassen, was auch der illusionslosesten Betrachtung noch immer standzuhalten vermag. Es gibt nicht nur die „Zwei-Uhr-morgens-Tapferkeit“ (von der Ernst Jünger gesprochen hat); es gibt auch so etwas wie eine Zwei-Uhr-morgens-Empfindlichkeit gegen „Sprüche“, gerade gegen „*fromme* Sprüche“: Nun, ich glaube, sogar in solcher Stimmung kann man noch immer einen *articulus* des heiligen Thomas lesen. Und ich meine zu ahnen, daß es ein wenig sein Gesichtspunkt gewesen ist, das Geschriebene müsse solchem illusionslosen Blick standhalten können. Darum der beharrlich durchgehaltene Widerstand gegen alles bloß Schön-Gesagte, gegen das Sich-selber-feierlich-Nehmen – ja auch gegen die spezifisch „religiöse“ Terminologie. „Religiös“ ist hier allerdings in Anführungszeichen zu setzen: In Wirklichkeit ist ja gerade diese Abstinenz in bezug auf das „religiöse“ Vokabular selber religiös begründet. Der Rede des heiligen Thomas fehlt die *unctio*, die „Salbung“. Bonaventura hat, zweifellos mit dem Blick auf seinen Kollegen Thomas, gesagt: Bei den Franziskanern komme zuerst die *unctio* und dann erst die *speculatio*, bei den Dominikanern aber sei es umgekehrt.[236] Es fehlt die *unctio*, sagte ich. Genau genommen entzieht sich das der Beurteilung; es „fehlt“ der sichtbare und hörbare, vielleicht auch nur der sonst übliche Ausdruck religiöser Bewegtheit. Wer aber will sagen, ob dieses

Fehlen nicht seinen Grund hat in einem Gleichmut, der aus einer um so tieferen Anbetung stammt? Die für Thomas charakteristische Abneigung gegen „religiöse Kurzschlüsse", diese rationale Nüchternheit, hat ganz sicher religiöse, wenn nicht mystische Wurzeln. Man definiert, so sagt er einmal, eine Sache nicht durch ihr letztes Prinzip, sondern durch das nächste[237], und darum laute die Antwort auf die Frage nach dem Wesen der Tugend nicht: Tugend ist das Gottgewollte; sondern: Tugend heißt tun, was der Einsicht entspricht und was den Sachen gemäß ist. Aus jener gleichen unerschütterlichen Nüchternheit heraus hat Thomas, obwohl er in Wahrheit so „modern" ist, daß manchem seiner Mitbrüder und Kollegen Hören und Sehen vergeht, sich offenbar geweigert, auf das seine eigene Epoche vordergründig Bewegende, auch auf das „religiös" Aktuelle, sich überhaupt einzulassen. Zum Beispiel hat er das damals allgemeine Reden vom Endzeit-Charakter des Jahrhunderts völlig ignoriert – obwohl die beiden Ordensgenerale der Franziskaner und der Dominikaner (1256) ein gemeinsames Rundschreiben über den apokalyptischen Sinn der beiden Bettelorden erlassen hatten: *Sie* seien die zwei Zeugen Christi in Sackgewändern, die zwei Sterne der Sibylle – und so fort.[238] Thomas stellt ein Jahr später in aller Sachlichkeit fest: „Man kann nicht irgendeine Zeitspanne benennen, weder eine kleine noch eine große, nach welcher das Ende der Welt zu erwarten sei."[239]

Mit dieser Nüchternheit, die sich allein auf das wahrhaft Wirkliche richtet und daran allein sich hält – hiermit hängt noch etwas zusammen, das für Thomas, auch für seine Art zu reden und zu schreiben, charakteristisch ist, nämlich jene großartige innere Unabhängigkeit, die manchmal zu einer Kühnheit wird, die vor nichts zurückzuschrecken scheint. So fragt er sich – im Kommentar zum Buche *Hiob*[240] – einmal: ob nicht die freimütige Rede des Hiob zu Gott dem Herrn gelegentlich den gebührenden Respekt verletze – worauf Thomas die Antwort gibt: „Die Wahrheit ändert sich nicht wegen der hohen Würde dessen, zu dem sie gesprochen wird; wer die Wahrheit sagt, kann nicht besiegt werden, mit wem er auch streitet."

X

Um die denkerische Aufgabe zu kennzeichnen, der Thomas sich gegenüberfand und der er sich gestellt hat, habe ich das Bild vom „Bogen des Odysseus“ gebraucht, dessen Enden so schwer einander anzunähern waren, daß es dazu einer nahezu übermenschlichen Kraft bedurfte. – Die beiden, anscheinend unvermeidlich auseinanderstrebenden Extreme, in deren Verknüpfung Thomas, kaum daß er zu kritischer Bewußtheit erwacht war, seine Lebensaufgabe erkannte, habe ich, in einer höchst unzureichenden Abkürzungsformel, mit den Kennworten „Aristoteles“ einerseits, „Bibel“ anderseits benannt. Dabei war der Name „Aristoteles“ gemeint als Chiffre für die natürliche Wirklichkeit im Ganzen, die sichtbar sinnfällige Welt, die leibhaftig-materiellen Dinge, und, im Menschen selbst, für die Sinnlichkeit, das Naturhafte und Natürliche, auch für die natürliche Erkenntniskraft der Vernunft, für das *lumen naturale*. Das andere Kennwort „Bibel“ war so gemeint, daß damit der ganze Bereich des Übernatürlichen benannt sein sollte: das Übervernünftige der göttlichen Offenbarung; die einzig im Glauben zugängliche Wirklichkeit von Welt, Mensch und Gott; die Heilslehre des Evangeliums als Norm des menschlichen Lebens.

Weil es aber Thomas war, der den Versuch solchen Verknüpfens unternahm, das heißt, ein Mensch von einer natürlichen Geisteskraft, einer Großräumigkeit, Präzision und Klärungsenergie des Denkens, wie sie in der menschlichen Geistesgeschichte äußerst selten anzutreffen sein dürften – weil also diese Aufgabe mit solch tiefdringender Einsicht in den Sachverhalt angepackt wurde, darum mußte auch von Anfang an zutage treten, es konnte jedenfalls ihm, Thomas, nicht verborgen geblieben sein, daß hier eine Fülle von Konfliktsmöglichkeiten steckte, eine Quelle von schlechthin unabsehbaren Schwierigkeiten und Unstimmigkeiten, die kaum je zu endgültiger „Harmonie“ würden geschlichtet werden können. Thomas konnte nicht mehr die großartige Naivität des Boethius[241] haben, der zum ersten Mal das Prinzip formuliert hatte *„fidem rationemque coniunge"*. Dieser Römer, ganz eingetaucht in die griechische Weltweisheit, in sich vereinend den vollen Reichtum des antiken Erbes, in dem plotinischen Glauben lebend, eine Synthese des platonisch-aristotelischen Denkens leisten zu können – Boethius meinte, es sei möglich, über den dreieinigen Gott zu handeln, *ohne* dazu des geoffenbarten Wortes der Heiligen Schrift bedürftig zu sein; sein Buch über die Trinität enthält kein einziges *Bibel*-Zitat. Und auch die Vereinfachung des Anselm von Canterbury[242], zweihundert Jahre vor Thomas, war unmöglich geworden, die Vereinfachung des mystischen Theologen, der, völlig versunken in Meditation der geoffenbarten Wahrheit, die Meinung verfechten konnte, das Geglaubte befinde sich so sehr und auf solche Weise in Übereinstimmung mit dem natürlichen Denken, daß, gleichfalls, das Geglaubte mit zwingenden Vernunftgründen, mit *rationes necessariae,* erwiesen werden könne.

Diese beiden Möglichkeiten der Vereinfachung waren Thomas verschlossen. So „naiv" konnte Thomas vor allem deswegen nicht mehr sein, weil innerhalb der abendländischen Christenheit selbst inzwischen einiges geschehen war, das eine rasche, vorschnelle Harmonisierung verbot. Vor allem war die Gefahr der prinzipiellen Säkularisierung, das heißt, einer Abtrennung und Verselbständigung der Vernunft und des gesamten „natürlichen" Lebensbereichs gegen den Glauben und gegen jede übervernünftige und übermenschliche Norm, höchst konkret in Erscheinung getreten, und zwar, wohl zu bedenken, innerhalb der Christenheit selbst – zum Beispiel in dem Kreis um den Hohenstaufenkaiser Friedrich II., den Thomas sehr unmittelbar kannte; aber auch in Gestalten wie Petrus von Hibernia, welcher, an der kaiserlichen Universität Neapel, den Studenten Thomas in den Aristoteles einführte. Solcherart Erfahrungen, denen sich Thomas freilich mit voller Unbefangenheit öffnete, ließen es nicht zu, das zur Rede stehende Problem unerlaubt und „naiv" zu vereinfachen. – Anderseits deutete sich in diesen Erfahrungen an, welche schlechthin tödliche Gefahr für das geistige Leben der Christenheit sich zusammenzubrauen begann, die Gefahr einer Bewußtseinsspaltung sozusagen; ganz fern am Horizont vielleicht auch schon die Gefahr einer völligen Entchristlichung, einer innerlich völlig unangefochtenen Säkularisierung. Die Gefahr jedenfalls der Aufspaltung des geistigen Lebens einerseits in das, was man „weiß", anderseits in das, was man „glaubt", und zwar einer Aufspaltung solchen Grades, daß keine Brücke mehr vom einen Bereich zum anderen führt; die Gefahr, die etwa durch das Schlagwort von der „doppelten Wahrheit" angezeigt wird, war schlechterdings akut geworden. Und Thomas konnte das unmöglich übersehen. Die durch das Zeitalter selbst gestellte Aufgabe war also diese: die beiden von der wechselseitigen Abtrennung bedrohten Bereiche legitim miteinander zu verbinden – legitim, das heißt, auf solche Weise, daß erstens die Unterschiedenheit und auch die Unrückführbarkeit, die relative Autonomie, das Eigenrecht der Bereiche gesehen und anerkannt blieb und daß zweitens ihre Einheit zutage trat, ihre Vereinbarkeit und die Notwendigkeit ihrer Verknüpfung, nicht von einem der beiden Glieder her, weder einfachhin aus dem Glauben noch einfachhin aus der Vernunft, sondern im Rückgang auf eine tiefere Wurzel. Mit einem anderen Wort, für die Generation um die Mitte des dreizehnten Jahrhunderts war es unmöglich geworden, die bisherigen Versuche, das Prinzip *fidem rationemque coniunge* zu verwirklichen, einfachhin gelten zu lassen. Das wirkliche Problem hatte sich in seiner vollen Schärfe gestellt; es war unvermeidlich geworden, es wahrhaft „auszutragen". Dies ist genau die Aufgabe, die Thomas zu bewältigen unternimmt.

Von der damaligen „Orthodoxie" aus betrachtet (ich meine damit das unvermeidlicherweise „gemäßigte" Klima der „herrschenden" philosophisch-theologischen Welt- und Lebensansicht) – aus dieser Perspektive gesehen, liegt das Anstößige, das aggressiv Ungewohnte der Stellungnahme des heiligen Thomas vor allem darin: daß er die einander entgegengesetzten Positionen, alle beide, in ihrer völlig unabgemilderten Radikalität akzeptiert. Ungewohnt, ja revolutionär ist seine Bejahung des Ideals der „evangelischen Vollkommenheit", wie es sich hervorgebildet hat in der ketzerischen, bei allen *bien-pensants* höchst verdächtigen waldensischen Armutsbewegung. Erst recht anstößig ist die allen offiziellen Warnungen und Verboten zum Trotz unbeirrbare und sehr entschiedene Zuwendung zu „Aristoteles", das heißt, die völlig unerschrockene Bejahung der ganzen natürlichen Wirklichkeit, nicht nur auf seiten des objektiven Seins, sondern auch *im* Menschen selbst – die Bejahung also dessen, was für das überkommene Wertgefühl der Christenheit unter den Begriff „Welt" fiel. „Göttliche Weisheit maßen sie sich an, obwohl sie sich doch auf das Weltliche viel besser verstehen" – von diesem, sehr bald gegen Albert und Thomas erhobenen Vorwurf ist schon die Rede gewesen. Thomas greift in den Kern dieses Vorwurfs hinein, indem er den biblischen Begriff der „Welt" analysiert. Es gebe, so sagt er in seinem Kommentar zum *Johannesevangelium*[243], drei verschiedene Bedeutungen von „Welt" im Sprachgebrauch der Heiligen Schrift, von denen zwei ganz und gar positiv seien. „Welt" besage erstens soviel wie „Schöpfung", den Inbegriff der von Gott geschaffenen Dinge und Wesen; zweitens könne mit „Welt" sogar die von Christus neugeschaffene befreite Schöpfung gemeint sein. Freilich kenne der biblische Sprachgebrauch auch einen negativ gemeinten Begriff von „Welt": die gestaltgewordene Verkehrung der Schöpfungsordnung. Wogegen sich Thomas zur Wehr setzt, das ist die Gleichsetzung dieses negativen Begriffs von „Welt" mit dem ersten Begriff (Welt als Inbegriff der geschaffenen Dinge und Wesen). Es wäre zu wenig, wenn man sagen würde, Thomas habe die natürliche Wirklichkeit „verteidigt"; es wäre, nach seiner Überzeugung, in hohem Maße lächerlich, wenn der Mensch die Schöpfung zu verteidigen unternähme. Sie bedarf keiner Rechtfertigung. Die Schöpfungsordnung ist im Gegenteil geradezu der Maßstab, von dem jedes Urteil des Menschen über die Dinge und auch über sich selbst auszugehen hat.

Nicht von ungefähr formuliert Thomas einmal den Einwand: Da Gott ein unkörperliches Wesen sei und da unser Ziel „Gottähnlichkeit" sei, müsse man doch wohl sagen, die vom Leibe getrennte Seele sei gottähnlicher als die mit dem Leibe verbundene – ein Argument also, das sich auf einen sehr erhabenen Gedanken stützt, dem, so scheint es, niemand widersprechen kann. Nun, Thomas ist dieser Niemand: „Mehr als die vom Leibe getrennte Seele ist die mit dem Leibe verbundene Seele Gott ähnlich, weil sie [– die leibhaftige Seele –] auf vollkommenere Weise ihre Natur besitzt."[244] Leibhaftigkeit also ist gut. Damit ist einschlußweise gesagt: Sinnlichkeit ist gut (so sehr, daß die „Unsinnlichkeit" nicht bloß ein Defekt, sondern ein *vitium*, ein sittlicher Mangel genannt wird[245]); Zürnkraft ist gut[246]; die Geschlechtskraft ist gut.[247] Man könnte Hunderte von solchen Sätzen zitieren. Einmal führt Thomas die Meinung einiger Kirchenväter an, wonach die Vermehrung des Menschengeschlechtes im Paradiese auf nicht-geschlechtliche Weise geschehen sein müsse. Die Antwort des heiligen Thomas lautet unendlich ruhig, sachlich, aber auch absolut entschieden: *Hoc non dicitur rationabiliter*, „dies kann sinnvollerweise nicht gesagt werden; denn was zur Natur des Menschen gehört, das wird ihm auf Grund der Sünde weder genommen noch gegeben."[248] Solch ein Satz hat natürlich ungeheure Konsequenzen, vor allem für die Grundvorstellungen der sittlichen Lebenslehre. Wenn es Bereiche der objektiven Wirklichkeit gäbe, die in sich selbst „schlecht", „niedrig" und „befleckend" sind, dann könnte sehr leicht gesagt werden, worin das Wesen der sittlichen Unreinheit besteht (eben darin, daß ich überhaupt in Berührung komme mit solcher in sich selbst „unreinen" Realität, etwa mit der Geschlechtlichkeit). Was aber ist Unkeuschheit – wenn es solche in sich selbst befleckende Realität gar nicht gibt? Wenn das Unterscheidende des Traktats der *Summa theologica* über Zucht und Maß die frische Atemluft ist, das gänzliche Nichtvorhandensein eines ansonsten oft genug bedrückenden Dunstes von Enge, Kleinlichkeit, Unnatur, dann hat dies seinen Grund in der Folgerichtigkeit, mit welcher Thomas die These von der Gutheit alles Geschaffenen durchhält.

Offenbar ist Thomas, auch als dieser individuelle Mensch, in einem ganz ungewöhnlichen Maße solcher bejahenden Unbefangenheit und Offenheit des Geistes fähig gewesen. – Theodor Haecker hat in seinen *Tag- und Nachtbüchern* (3. 7. 1942) gesagt: „Thomas hatte keinen Pfahl im Fleische." Haecker meint das anscheinend nicht durchaus positiv; er fügt hinzu: „Das macht etwas von der Fremdheit aus, die er für den modernen Menschen hat." Ich glaube, daß diese Fremdheit, dieses Anderssein, tatsächlich mit dem innersten Geheimnis des Menschen Thomas zusammenhängt. Wie auch immer die merkwürdige Begebenheit zu deuten sein mag, die unter dem Namen „Gürtung durch den Engel" überliefert wird (Thomas selbst hat, in seiner letzten Lebenszeit, dem Freunde Reginald davon erzählt: Nachdem er die geschmückte Kurtisane, die seine Brüder dem Neunzehn- bis Zwanzigjährigen in sein Gefängnis geschickt hatten, um ihn von dem Entschluß abzubringen, Bettelmönch zu werden – nachdem er dies Mädchen sehr unsanft vor die Tür gesetzt hatte, sei er erschöpft in tiefen Schlaf gefallen, aus dem er erwacht sei mit einem Schrei; er habe aber geschrien, weil ein Engel ihn im Traum auf äußerst schmerzhafte Weise gegürtet habe, um ihn künftig unverwundbar zu machen gegen alle Versuchung zur Unreinheit) – was auch immer diese Geschichte besagen mag: Thomas selber hat nicht nur, übrigens genau wie Goethe, immer behauptet, die Erkenntnis der Wahrheit, das Sehen von Wirklichkeit sei an die Bedingung der Reinheit geknüpft, sondern er hat diesen Zusammenhang in sich selbst realisiert. Er ist, so scheint es, als Person von einer so ungewöhnlichen und ihn selber so sehr „licht machenden" Simplizität[249] gewesen, daß man wohl von einem Charisma wird sprechen dürfen. In dieser Haltung verbindet sich, was sonst – eins dem andern – zu widerstreben pflegt: daß nämlich einerseits die Sicht ungetrübt bleibt, die Urteilskraft unverwirrt, nicht verwirrt vor allem durch den Zwischenruf des eigenen Begehrens – dies aber nun nicht auf die Weise des gewaltsam weltabgewandten Asketen, sondern (und nun kommt das „andererseits") bei gleichzeitig herzhaftester Bejahung alles Wirklichen, gerade auch der sinnfälligen Welt und ihrer Schönheit. Dies Beieinander von herzhaftester Bejahung einerseits und ungetrübtester, kühlster Klarsichtigkeit anderseits – diese Verknüpfung im Geiste eines selber in evangelischer Armut bedürfnislos lebenden Mannes ist, so glaube ich, die Frucht seiner ungewöhnlichen, man kann auch sagen, seiner heiligmäßigen Reinheit.

Daß solche energische Zuwendung zur natürlichen Welt auch den Stil des Theologen Thomas mitbestimmen mußte, ist zu erwarten. Zwei Beispiele mögen das Neue dieses theologischen Denkstils zeigen. – Die sieben Sakramente werden noch durch Albert den Großen und auch durch Bonaventura in reichlich gewalttätiger Symbolik den sieben Hauptsünden zugeordnet, deren jede auf besondere Weise durch eines der sieben Sakramente geheilt werde. Thomas hingegen sagt: Die Begründung und das Wachstum des Neuen Lebens geschehe nach dem Bilde des leiblichen Lebens: der Zeugung und Geburt entspreche die Taufe; dem Heranwachsen zur Mannbarkeit die Firmung; die Nahrung des Neuen Lebens sei das heilige Mahl; das Heilmittel wider Verwundung und Krankheit sei das Bußsakrament – und so fort.[250] – Zweites Beispiel: der innere Stil der Schriftkommentare. Als der für Thomas am meisten charakteristische Kommentar gilt der zum Buche *Hiob*. Man muß dazu wissen, daß die damalige Theologie beherrscht ist von dem durch seine praktische Lebensweisheit in der Tat großartigen *Hiob*-Kommentar Gregors des Großen. Aber als Deutung dieses Buches ist er eine reine Allegorese voller Gewaltsamkeiten (die sieben Söhne Hiobs sind erstens die sieben Tugenden; zweitens „bedeuten" sie die zwölf Apostel; auf die Frage, wieso „sieben" Söhne „zwölf" Apostel bedeuten sollen, wird geantwortet: sieben sei 3 + 4; und zwölf sei 3 x 4![251] Und so fort). Thomas nimmt das Buch *Hiob* bei dem unmittelbaren Sinn des Gesagten, als eine Belehrung über das Schicksal der Menschen und die göttliche Vorsehung. – Noch etwas für Thomas Charakteristisches ist zu vermerken: Um sich den Sinn des in der Heiligen Schrift Gemeinten faßlich zu machen, bringt er seinen vollen geistigen Besitzstand mit großartiger Unbekümmertheit ins Spiel; er zitiert, in diesem Kommentar zum Buche *Hiob*, Averroes, Avicenna, Porphyrius, Plinius, Cicero, Platon und natürlich vor allem: Aristoteles! Die Anerkennung aller natürlichen Wirklichkeit heißt notwendig auch Anerkennung der Funde der natürlichen Erkenntniskraft, wo immer sie sich finden, also auch in der vor- und außerchristlichen Welt.

Seit den ersten Jahrzehnten des dreizehnten Jahrhunderts haben die Dinge, wie gesagt, schon auseinanderzustreben begonnen: das Biblische und Evangelische einerseits, das ausschließlich Philosophische und Weltliche anderseits. Man wird nun aber weiterhin sagen müssen, daß diese Gefahr der wechselseitigen Isolierung, der Übersteigerung ins Extrem und also auch des Konflikts durch Thomas zunächst noch verschärft wird, gerade durch seine Bemühung, eine tiefer begründete Verknüpfung als sinnvoll und notwendig zu erweisen. Er gibt ja beiden Richtungen recht; jede kann, so scheint es, sich auf ihn berufen. Vor allem sieht es so aus, als werde der extreme Aristotelismus ermutigt und verschärft durch die entschiedene Zuwendung des heiligen Thomas zu diesem gleichen Aristoteles. Von einem seiner schärfsten Gegner aus den letzten Pariser Lehrjahren, von Siger von Brabant, wird gesagt[252], er habe geradezu unter dem Einfluß von Thomas gestanden.

Mit dem Namen Siger von Brabant verknüpft sich einer dieser dramatischen Lebensläufe, wie sie in der Geschichte der mittelalterlichen Philosophie nicht so selten sind. Wallone von Geburt, fünfzehn bis zwanzig Jahre jünger als Thomas; schon früh Kanonikus an St. Martin in Lüttich; und dann, noch immer recht jung, Magister in der Artistenfakultät von Paris, tritt Siger, nicht dreißig Jahre alt, zum ersten Male hervor – in einem gewaltigen Streit, der die Fakultät zu spalten droht. Van Steenberghen, der eine große Monographie über Siger von Brabant geschrieben hat, charakterisiert ihn so:[253] „Ein junger Rädelsführer ohne Skrupel, entschlossen, mit allen Mitteln seine Meinung durchzusetzen“; feurig von Temperament, heftig und geneigt, ins Extrem zu gehen. Dieser Mann also lehrt an der Universität Paris, er schreibt eine beträchtliche Anzahl von Büchern, vor allem Kommentare zu Aristoteles. Er ist ständig in Lehrstreitigkeiten verwickelt; als er sich dem Inquisitionsgericht stellen soll, flieht er aus Frankreich und appelliert an den Spruch des Papstes. In der Stadt, in der die Kurie ihren Sitz hat, in Orvieto, wird er dann, vierzig Jahre alt, von seinem eigenen Sekretär erdolcht.

Siger von Brabant nun wird der Vorkämpfer einer Richtung, die sich um 1265 in Paris etabliert und in der Literatur meistens als „lateinischer Averroismus" bezeichnet wird.[254] Wichtig sind für uns nicht die speziellen Lehrmeinungen, die Siger und sein Kreis verfochten hat. Wichtig ist, daß diese Männer den Aristoteles so verstehen und propagieren, daß von Anfang an die völlige Gleichgültigkeit gegen die Wahrheit der christlichen Offenbarung zum Prinzip erhoben wird. Gilson hat diese Grundhaltung als *„philosophism"* bezeichnet.[255] Damit ist zweierlei gemeint: erstens die These von der prinzipiellen Unabhängigkeit und Abgetrenntheit des Philosophierens gegenüber Theologie und Glauben. Hier zum ersten Male in der Christenheit wird das seit Augustin und Boethius geltende Prinzip der Verknüpfung von *ratio* und *fides* formell verneint, und zwar durch klerikale Lehrer an der bedeutendsten Hohen Schule der Christenheit selbst. Zweitens versteht sich diese autonom gesetzte Philosophie – der seit Pythagoras geltenden Wort-Definition („*Suche* nach der Weisheit") zum Trotz – als Weisheit schlechthin, als Heilslehre. „Es gibt keinen so vollkommenen Stand, als sich der Philosophie hinzugeben" – so lautet eine der Thesen.[256]

Diese Radikalität findet an der Universität Paris breite und vehemente Zustimmung. Und von den Großen, die ihr wirksam hätten entgegentreten können, ist niemand anwesend: Albert der Große ist, als Ordensoberer und Beauftragter des Papstes, im ganzen Abendlande unterwegs; Bonaventura ist schon 1257 aus der Universität ausgeschieden, als er zum Ordensgeneral der Franziskaner berufen wird; Thomas ist seit 1259 in Italien. Ein englischer Historiker hat die Lage an der Universität Paris um das Jahr 1268 so gekennzeichnet: Hätte die Gruppe um Siger von Brabant ungehindert und, ohne Widerstand zu finden, weiterhin die geistige Führung behalten, dann wären die Autoritäten genötigt gewesen, die Universität Paris zu schließen.[257] Vielleicht ist das eine überspitzte Formulierung; aber offenbar trieb die Situation in Paris auf eine Entscheidung zu.

In ebendiesem gleichen Jahre, 1268, wird Thomas, entgegen allem Brauch, zum zweiten Male an die Universität Paris geholt. Er findet dort allerdings nicht allein den heterodoxen Aristotelismus um Siger von Brabant als Gegner vor, wenngleich dies der gefährlichste, auch für Thomas selbst gefährlichste Gegner ist, mit dem man ihn ständig verwechselt. „Man" – wer ist das? Es gibt noch immer die aus den vorigen Jahrhunderten überkommene, in gewissem Sinn sogar noch immer herrschende, jedenfalls, wie sich bald zeigen wird, den „Apparat" beherrschende und die Haltung der Christenheit weithin bestimmende Theologie, gegen welche Thomas seine, an Aristoteles entfachte und auf ihn sich berufende „Weltlichkeit" durchzusetzen versucht hat. Diese, mit dem ungenauen Namen „mittelalterlicher Augustinismus" schlecht und recht bezeichnete, hergebrachte Weise der Weltbetrachtung und Weltdeutung also findet sich durch den offenkundig ans Häretische mindestens grenzenden Aristotelismus des Siger von Brabant und seiner zum Teil noch radikaleren Mitstreiter bestätigt in dem schon immer gehegten Verdacht gegen alles, was sich mit dem Namen Aristoteles verband, also auch gegen Thomas. Sogar Bonaventura, der in seinem Frühwerk sich gleichfalls begeistert dem Aristoteles zugewendet hat, greift um diese Zeit, beunruhigt durch die Sorge um die Einheit der christlichen Weltansicht, noch einmal in die Lehrstreitigkeiten ein, und zwar gleichfalls warnend; warnend, genau genommen, vor dem, was Thomas unbeirrbar als die wahre Lösung der Schwierigkeit verkündet. Und diese, sich völlig auf eine dem Anspruch des Jahrhunderts objektiv nicht mehr genügende Theologie zurückziehende Weltdeutung, diese Einseitigkeit verschärft wiederum den Extremismus der Männer um Siger von Brabant.

In diese Situation kommt Thomas hinein, natürlicherweise genötigt, nach zwei Seiten hin seine Position zu verteidigen; genötigt allerdings auch, diese Position, in solchem Zweifrontenkampf, präziser zu formulieren und zu klären. Noch fünf Jahre wird er zu leben haben; gut drei Jahre davon wird er in Paris sein. Als er Paris, nach dem Osterfest 1272, siebenundvierzigjährig verläßt, ist er ein verbrauchter Mann. Wenn man die großen Disputationen und die ordentliche Lehrtätigkeit noch ganz außer Betracht läßt, wenn man nur die schriftstellerische Ausbeute dieser drei Jahre bedenkt, versteht man kaum, wie sie von einem einzelnen Menschen zustandegebracht werden konnte: zwölf große Aristoteleskommentare, der Johanneskommentar, die Erklärung der Paulusbriefe, die umfangreichen *Quaestiones disputatae* über das Böse, über die Tugenden, über die Inkarnation, schließlich der Hauptteil, die *secunda pars*, der *Summa theologica*; daneben die Streitschriften, und zwar nicht allein gegen Siger von Brabant, sondern auch gegen die nun sehr prinzipiell gewordenen Einwände wider das Ideal der Armutsbewegung.

Das uns hier vor allem Interessierende ist, daß Thomas genötigt ist, seine Position, das heißt, seine die „Bibel" und „Aristoteles" zugleich einbegreifende Bejahung, zu klären und zu verteidigen, und zwar, etwas vereinfacht gesagt, gegen die Absolutsetzung des Aristoteles einerseits und gegen die Ausschließlichkeit eines supranaturalistischen Biblizismus anderseits. Diese Klärung und Verteidigung, die sich in all jenen Arbeiten vollzogen hat, läßt sich auf wenige Grundlinien bringen. Thomas zeigt *erstens*, daß die bejahende Zuwendung zur natürlichen Weltwirklichkeit und zur natürlichen Wirklichkeit im Menschen selbst letztlich nicht anders als theologisch begründet und gerechtfertigt werden kann. Die natürlichen Weltdinge haben ein wirkliches, in sich selbst ruhendes Eigen-Sein, gerade auf Grund dessen, daß sie geschaffen sind, gerade weil der kreatorische Wille Gottes im vollen Sinn Sein-gebend ist, das Sein nicht für sich allein behaltend, sondern es wahrhaft mitteilend (eben dies, nur dies heißt erschaffen: Sein mitteilen!). Gerade weil es Schöpfung gibt, darum gibt es selbständige Wesen und Dinge, die nicht nur für sich „da“ sind, sondern auch, von sich aus, wirken und bewirken können. – Dies ist nach beiden gegnerischen Seiten hin gesprochen. Den besorgten Theologen der traditionellen Richtung, die gegen Thomas vor allem dies einzuwenden haben, daß er die Schöpfung allzu sehr unabhängig sein lasse gegenüber Gott und daß er durch die Verteidigung des Rechtes der natürlichen Dinge das Recht Gottes antaste[258] – ihnen ruft Thomas zu: Gerade in der Eigenständigkeit und in der Eigenwirksamkeit der Kreatur erweist sich ja die wahrhaft schöpferische Kraft Gottes. Und zu den extremistischen Aristotelikern sagt er, im Gleichen: Ihr habt recht, die natürliche Welt ist eine Realität eigenen Rechtes; aber es gäbe keine selbständige und zugleich, wie ihr ja wohl zugebt, nicht-absolute Weltwirklichkeit, wenn es nicht den Schöpfer gäbe!

Das *zweite* Argument des heiligen Thomas lautet so: Daß die Dinge gut sind, und zwar dadurch, daß sie sind (und also *alle* Dinge) – dies Gutsein der Dinge durch ihr Sein selbst kann gleichfalls nicht zwingender begründet werden als durch ihre Geschaffenheit; es gibt kein überzeugenderes Argument für die Bejahung der natürlichen Weltwirklichkeit als den Erweis, daß die Welt *creatura* ist. Weil die Dinge, auch die Engel, auch die Menschen, Kreatur sind, gerade darum ist es undenkbar, daß sie selber ihr eigenes Sein oder das Sein der Welt wesentlich verändern könnten; selbst wenn sie es wollten, sie können nicht Sein zerstören, weder ihr eigenes Sein noch fremdes Sein. Das bedeutet konkret: Weder durch die Sünde der Engel noch durch die der Menschen kann sich die Struktur der Welt wesentlich verändert haben – darum, so argumentiert Thomas, weigere ich mich, den gegenwärtigen Weltzustand als einen prinzipiell uneigentlichen Zustand, als einen Zustand der Denaturierung, zu begreifen. Das Seiende ist gut, weil es von Gott geschaffen ist; und wer die Vollkommenheit der geschaffenen Dinge schmäht, der schmäht die Vollkommenheit der göttlichen Kraft.[259]

Nun aber ist noch ein *dritter* Punkt zu bedenken. Mit Recht, wie mir scheint, ist gesagt worden, daß Thomas vielleicht niemals den Mut gehabt hätte, die natürlich-sichtbare Wirklichkeit, vor allem die Leibhaftigkeit des Menschen, als etwas wesentlich zum Menschen Gehöriges zu verteidigen und aus dieser Überzeugung die letzten Konsequenzen zu ziehen – ohne den Gedanken an die Menschwerdung Gottes.[260] Im *Johannesevangelium* sei deswegen, so sagt Thomas[261], ausdrücklich von der „*Fleisch*"-Werdung, der Verleiblichung des Logos die Rede, damit so die manichäische Meinung ausgeschlossen werde, als sei der Leib vom Bösen. Wer des Glaubens ist, daß der Logos Gottes sich in Christus mit der leibhaftigen Menschen-Natur verbunden hat, der kann unmöglich zugleich annehmen, die materielle Weltwirklichkeit sei nicht gut. Und wie können die sichtbaren Dinge böse sein, wenn doch die von jenem Ur-Sakrament sich herleitende „Arznei des Heiles" in den gleichen sichtbaren Dingen, *per ipsa visibilia,* dem Menschen dargeboten wird, im Vollzug der Sakramente![262] Es ist also ein im äußersten Sinn theologisches Argument, woraus Thomas, nun freilich einzig an seine theologischen Gegner sich wendend, die Bejahung der materiellen Welt, vor allem des menschlichen Leibes, begründet, und nicht allein das Recht solcher Bejahung, sondern die Pflicht dazu. Es ist demnach, zusammenfassend gesagt, die entschiedene Weltlichkeit, wodurch Thomas sich unterscheidet von der spiritualistischen, bloß symbolisierenden Unweltlichkeit der traditionellen Theologie der Epoche, während er sich von der radikalen säkularistischen Weltlichkeit des heterodoxen Aristotelismus durch die ausdrücklich theologische Fundierung unterscheidet, durch die Begründung seiner Weltlichkeit aus der Theologie der Schöpfung und aus der im strengeren Sinn „theologischen" Theologie der Inkarnation.

In der ersten dieser Vorlesungen ist gesagt worden, eine wie wenig „harmonische" Epoche das dreizehnte Jahrhundert gewesen sei – wenngleich, geistesgeschichtlich betrachtet, für einen kurzen Augenblick so etwas wie „Einklang" und „klassische Fülle" erreicht worden sei. Nun, ich bin der Meinung, daß dieser kurze Augenblick konstituiert wird durch genau das, wovon zuletzt die Rede gewesen ist. In diesem Richtbild einer theologisch gegründeten Weltlichkeit und einer weltoffenen Theologie, wie Thomas es nicht allein formuliert, sondern mit der vollen Energie seiner inneren Existenz vollzogen hat – in diesem klaren Bilde ist die Struktur realisiert, auf welche die ganze geistige Bemühung des christlichen Denkens über die Welt – von Justin über Augustinus und Boethius und Anselm – zielt und auf die hin diese ganze Epoche der Christenheit entworfen ist: die *coniunctio rationis et fidei,* die Verknüpfung des Gewußten mit dem Geglaubten. Allerdings handelt es sich um eine gedankliche Struktur nicht bloß von äußerster Differenziertheit, sondern auch von unendlicher Bedrohtheit und Verletzlichkeit. Kaum ist sie verwirklicht – und schon regen sich rundum die Kräfte der Auflösung.

Es ist gleichfalls schon davon die Rede gewesen, daß jener Augenblick in der Erinnerung der abendländischen Christenheit weiterlebe als etwas Musterhaftes, als ein Paradigma und ein Modell, als eine Norm, die „eigentlich" sollte erfüllt werden. Dies ist nicht eine willkürliche Idealsetzung. Die ganz großen, die Wahrheit der Dinge auf umfassende Weise offenbarenden Gedanken haben etwas von der Verbindlichkeit der Realität selbst; sie üben eine faktische Nötigung aus. Und es läßt sich in der Tat zeigen, daß wir – das heißt: die abendländische Christenheit und die auf dem Boden und aus dem Erbe dieser abendländischen Christenheit lebenden Welt-Europäer des zwanzigsten Jahrhunderts – noch immer tatsächlich unter der Nötigung jenes Richtbildes stehen, das Thomas formuliert hat: Es gelingt uns einfach nicht, ohne Beunruhigung eine gegen jeden überweltlichen Anruf isolierte Weltlichkeit zu leben; wie es uns gleichfalls nicht möglich ist, ohne Beunruhigung eine gegen jede Weltverpflichtung isolierte „religionistische" Religiosität zu leben. Wir bringen es nicht fertig (heißt das), konsequent gegen *das* Prinzip zu leben, das die Essenz des christlichen Abendlandes ausspricht. Der es aber zum ersten Male klar ausgesprochen hat, ist eben Thomas von Aquin.

XI

Mit dem Richtbild einer theologisch gegründeten Weltlichkeit einerseits und einer weltoffenen Theologie anderseits ist das Prinzip formuliert, das, wie schon gesagt, die geistige Struktur des christlichen Abendlandes bestimmt. – Hierzu noch zwei Anmerkungen: Erstens ist damit einschlußweise gesagt, daß es auch ein *nicht*-abendländisches Christentum gibt, zum Beispiel die Ostkirche, deren Theologie betont unweltlich ist – wozu freilich zugleich das immerhin bedenkenswerte Faktum zu erwähnen ist, daß gerade im Strahlungsfelde dieser Form des Christentums sich der bisher radikalste prinzipielle Säkularismus der Menschengeschichte erhoben hat. Denkbar also sind auch nicht-abendländische Formen des Christentums. Doch bleibt diese Denkbarkeit für uns, die Welt-Europäer des zwanzigsten Jahrhunderts, eine rein abstrakte Sache; im konkreten Fall gelingt es uns nicht, jedenfalls nicht ganz und nicht konsequent, *gegen* jenes abendländische Prinzip zu denken und zu leben. – Zweitens: „Abendland" ist also etwas ganz anderes als ein bestimmter faktischer Bestand von Errungenschaften oder Institutionen. Abendland ist ein geschichtlicher *Entwurf,* und zwar ein Entwurf, der von Anfang an geladen mit Sprengkraft und voll höchst explosiven Konfliktstoffes ist. Eben dies aber, darüber muß man sich klar sein – und Thomas hat sich offenbar darüber nicht getäuscht – eben diese Konfliktmöglichkeit, diese Unausweichlichkeit der Realisierungskämpfe *hat* akzeptiert und in Kauf genommen, wer immer das Prinzip der „theologisch gegründeten Weltlichkeit" bejaht. Denn dies Prinzip schließt ja ein, daß, zum Beispiel, einerseits alle Funde der natürlichen Welterkenntnis, in Astronomie, Entwicklungslehre, Biologie, Atomphysik und aller Wissenschaft sonst, von vornherein – buchstäblich: bereits vorweg! – als etwas Willkommenes und Positives begrüßt und akzeptiert werden (gar nicht zu reden von der Akzeptierung der natürlichen Realitäten des Menschlichen selbst: Politik, Eros, Technik – und so fort) – und daß zugleich anderseits der Anspruch erhoben und durchgehalten wird, all dies zu verknüpfen, es nicht nur zusammenzudenken, sondern zusammenzuleben mit den Normen einer übermenschlichen und übernatürlichen Wahrheit.[263]

*

Nun aber ist noch von einer Einsicht zu sprechen, die dem heiligen Thomas jene umfassende Bejahung, ja Verehrung alles Seienden nicht bloß denkmöglich, sondern ganz und gar unausweichlich und zwingend gemacht hat. Es ist schwer zu sagen, ob es sich um eine philosophische oder um eine theologische Einsicht handelt. Sie betrifft den Seinsbegriff, genauer gesagt, den Begriff des Existierens. Schon in dieser Formulierung zeigt sich die innewohnende Problematik des Sachverhalts: Eben dies ist das Besondere von Existieren, daß es – das Existieren, die Existenz – gar nicht in einen „Begriff" zu fassen ist. Ich möchte versuchen, das Gemeinte von einem ganz anschaulichen Befund her deutlich zu machen. Da steht, vor meinen Augen, ein Baum, eine Eiche. Vor meinen Augen – aber ich weiß auch, daß vieles von diesem Baum gar nicht dem Auge sichtbar, überhaupt keinem Sinnesvermögen faßlich ist. Vieles, das Eigentliche ist nur dem Geist zugänglich; es ist „denk"-bar, erschließbar. Die Lebensfunktion des Baumes kann ich als Lebensfunktion nicht sehen, auch nicht unter dem Mikroskop. Ich frage nun nach dem „Wesen" des Baumes – womit zunächst noch gar nichts „Metaphysisches" oder Philosophisches gemeint ist; ich suche einfach nach einer Antwort auf die Frage, was das sei, ein Baum. Jedermann stellt ja diese Frage, und er beantwortet sie sogar, er weiß ja, „was" ein Baum ist im Unterschied zu Fluß, Fels, Gras, Tier. Nehmen wir an, es sei möglich, die „Eigenschaften" der Wesenheit „Baum" vollständig aufzuzählen und also erschöpfend zu sagen, was ein Baum ist – so daß kein Merkmal, kein Begriffselement fehlte und also die Frage „was ist das: ein Baum?" völlig beantwortet wäre. Angesichts einer solchen Antwort könnte nun jemand zu bedenken geben, in diese Wesensbeschreibung gehöre vielleicht noch eine Angabe darüber, ob es diesen so beschriebenen Baum wirklich „gibt“ oder nicht. Darauf würde ich zunächst sagen, daß in der Beantwortung der Frage, „was“ ein Baum sei, das tatsächliche Existieren oder Nicht-Existieren nicht „interessiere“; es sei nicht eigentlich „mein Gesichtspunkt“. Der andere wird darauf vielleicht erwidern, gerade dies dünke ihn aber entscheidend zu sein, er wolle nicht allein wissen, „was“ ein Baum ist, sondern auch, ob es ihn wirklich gebe; ihn interessiere nicht nur die *essentia*, das Was und die Wesenheit, sondern auch die *existentia*, das „Daß“, das Dasein. Wir werden dann möglicherweise gemeinsam dieses Element des „Existierens“, des „Da-seins“ bedenken und besprechen. Und es wird sich bald zeigen, daß es sich nicht um ein weiteres, den übrigen aufgezählten Merkmalen anzureihendes Begriffselement handelt – so daß man zu der Beschreibung von Gestalt, Wuchs, Art des Laubes und der Frucht nun schließlich noch das Existieren hinzufügen könnte. Dies Element ist den anderen nicht koordinierbar; es handelt sich um etwas prinzipiell anderes. Es ist eher etwas von der Art des Tuns. Der durch all jene inhaltlichen Eigentümlichkeiten bestimmte Baum „tut“ auch etwas, er wächst, grünt, blüht, fruchtet – und außerdem „tut“ er, all diesem einzelnen Tun voraus und zuvor, noch etwas: Er existiert. Ja, dies Existieren ist nicht nur etwas „von der Art des Tuns“, es ist „Tun“ in einem ausgezeichneten und völlig einzigartigen Sinn. Die Alten haben es „*das*“ Tun schlechthin genannt, ohne nähere Bestimmung und ohne Einschränkung; sie haben es einfachhin „*actus*“ genannt. „The most marvellous of all the things a being can do is: to be.“

Gilson, von dem dieser Satz stammt[264], hat jene Einsicht des heiligen Thomas, von der hier die Rede sein soll, am klarsten und überzeugendsten verdeutlicht. – Dies also ist das *zuerst* zu Bedenkende: Die Existenz ist nicht eines neben anderen inhaltlichen Merkmalen, durch die ein Seiendes bestimmt ist; das Existieren steht außerhalb dieser Reihe, es steht vielmehr senkrecht dazu. Auch ist es nicht so, als setze sich ein wirklicher Baum sozusagen zusammen aus seinem Wesen und seiner

Existenz; das hieße die Existenz gerade ent-existentialisieren und sie nach der Weise eines „Was" verstehen oder vielmehr mißverstehen.

Vor allem aber *(zweitens)*: Ich kann auf vielerlei Weise des näheren sagen, was im Fall des Baumes „grün" bedeutet, was „fruchtbar", was „Holz" ist – und so fort. Die inhaltlichen Merkmale können, wenn auch vielleicht nicht erschöpfend definiert, so doch näher bestimmt und umschrieben werden. Wohingegen es völlig unmöglich ist, näherhin zu erklären, was „Existieren" besagt. Wer den Unterschied zwischen einem bloß gedachten und einem wirklichen Baum kennzeichnen will, der kann nur immer das gleiche wiederholen, daß nämlich der wirkliche Baum eben existiere, daß er tatsächlich „da" sei, daß er „etwas Wirkliches" sei. Existenz kann nicht definiert werden: *actus* [...] *definiri non potest* – so sagt Thomas in seinem Kommentar zur aristotelischen *Metaphysik*.[265] Das bedeutet, daß an diesem Punkt der Überlegung – ohne irgendwelche Übertreibung des tatsächlich Vorgefundenen – das Denken dem Rätsel des Seins begegnet, vielleicht zum ersten Male. Zutreffender gesagt: Das Denken trifft auf das Mysterium des Seins.

Ferner (*Punkt drei*), wir sind, nachdem wir eine einigermaßen zulängliche Antwort auf die Frage „was ist das, ein Baum?" ermittelt haben, und zwar auf Grund der Betrachtung und Untersuchung wirklich existierender Bäume – wir sind dann offenbar durch nichts genötigt, die tatsächliche Existenz dieser Bäume mitzudenken; es gehört nicht zu ihrem Wesen, zu existieren; sie müssen nicht existieren. Es gibt nur ein Wesen, zu dessen Natur es nicht nur gehört, zu existieren, sondern dessen Natur in diesem Existieren besteht – so daß es keine Kennzeichnung gibt, welche die Natur dieses einzigartigen Wesens, nämlich Gottes, treffender und genauer ausspricht als der Name „der Seiende", der Existierende. „Ich bin, der Ich bin" – so heißt es in der Heiligen Schrift (*Ex* 3,13). Genauer gesagt ist es so, daß nach dem Wort der Schrift Gott selber sich selber so nennt, den schlechthin Seienden.

Wenn wir arglos diesen Satz „Gott ist" hören, dann scheint es uns zunächst, als gebe es nur zwei sinnvolle Möglichkeiten, diesen Satz zu verstehen. Entweder ist er eine Antwort auf die Frage, ob es einen Gott gebe: „Gott ist", das heißt, es gibt ihn, er existiert. – Oder es handelt sich um einen unvollständigen Satz, um den Anfang eines Satzes: „Gott ist (...)" und nun müßte eigentlich gesagt werden, was er ist: der Schöpfer aller Dinge, gütig, allmächtig, weise (...) und so fort. Thomas aber versteht den Satz weder in dem ersten noch in dem zweiten Sinn, weder als eine Antwort auf die Frage, ob es Gott gibt, noch als einen unvollständigen Satz. Nach seiner Meinung besagt der Satz folgendes: Gott ist das Wesen, dessen ganze Natur es ist, zu existieren, das heißt, jener „*actus*" zu sein. Gott ist Da-Sein schlechthin, *actus purus*. Es ist im Hinblick auf Gott nicht möglich, zu sagen oder auch nur zu denken, daß zunächst einmal diese durch eine gewisse Summe von Merkmalen bestimmte Wesenheit sei, und außerdem sei da, vielleicht notwendigerweise, die Existenz, das Wirklichsein dieses so und so beschaffenen Wesens. Nein, wenn möglichst präzis, ohne Bild, ohne unangemessene Anpassung an das uns sonst Gewohnte gesprochen werden soll, dann muß man sagen: Gottes Wesensbeschaffenheit selber ist das Wirklichsein; Er *ist* sein Wirklichsein. „*In Deo non est aliud essentia vel quidditas quam suum esse*"; in Gott sind Wesen und Existieren nicht zweierlei.[266]

Das zu sagen, ist eine „Revolution" in der Geschichte der Metaphysik[267]; und der Revolutionär ist Thomas. – Allerdings ist diese Revolution erst möglich geworden durch ein Weiterdenken der aristotelischen Unterscheidung zwischen Seinkönnen und wirklichem, tathaftem Sein, zwischen *dýnamis* und *enérgeia*.[268] Vielleicht muß man auch sagen, sie sei möglich geworden durch das Zusammendenken des aristotelischen Begriffs *enérgeia* mit dem biblischen Gottesnamen „Ich bin der Ich bin". – (Gilson hat darauf aufmerksam gemacht[269], daß die philosophisch-theologische Meditation eines anderen großen Durchdenkers des Aristoteles und der durch Aristoteles der Offenbarungstheologie gestellten Aufgaben, nämlich die Meditation des genialen Juden Moses Maimonides, fast hundert Jahre vor Thomas, gleichfalls, und zwar zum ersten Male, diese Interpretation des Seinsbegriffs wie des Gottesbegriffs formuliert habe; allerdings sei Thomas allein diesen Weg konsequent zu Ende gegangen.) – Von Platon her jedenfalls, dessen Philosophieren fasziniert ist von dem Gedanken der Ur-Bilder, das heißt, der reinen Wesenheiten, fern aller existentiellen Realisierung – vom platonischen Denken her war solche Interpretation des Seinsbegriffes schlechthin unerwartbar. Konkret geschichtlich gesprochen bedeutet das: Die christliche Philosophie und Theologie vor Thomas war einfachhin unvermögend, das Sein auf diese existentielle Weise zu denken. Gilson, Maritain und andere französische Forscher haben die Metaphysik des heiligen Thomas ausdrücklich als „Existenz-Philosophie" bezeichnet. „Ich bin davon überzeugt, daß Thomas der am meisten existentielle unter den Philosophen ist", *le plus existentiel des philosophes*[270]; als Philosophie des Seins-Aktes ist die Philosophie des heiligen Thomas „nicht *auch* eine Existenz-Philosophie, sondern die einzige"[271]. Vor allem sei, so sagt Gilson, das Denken über das Sein bei Augustinus und bei Anselm, im Vergleich mit Thomas, völlig „essentialistisch"[272]. In seiner Erläuterung des *Johannesevangeliums* stellt sich Augustinus die Frage nach der Bedeutung des Gottesnamens „Ich bin, der Ich bin" – man kann auch sagen: Er stellt sich dieser Frage; denn Augustinus erkennt sehr wohl das Gewicht und auch das Geheimnis, das diesem Worte innewohnt. „Der Herr also sagte zu Moses: ‚Ich bin der Ich bin' [...]. Er sagte nicht: ‚Ich bin Gott'; oder ‚Ich bin der Urheber der Welt'; oder ‚Ich bin der Schöpfer aller Dinge', oder ‚Ich bin der Schutzherr eben dieses Volkes, das nun befreit werden soll'. Sondern er sagte nur dies: ‚Ich bin der Ich bin.' – Aber Herr, unser Gott, was ‚ist' denn *nicht* von alledem, das du geschaffen hast? ‚Ist' der Himmel etwa nicht? ‚Ist' die Erde nicht auch? Und der Mensch, zu dem du redest, ‚ist' er etwa nicht? – Müssen wir denn dies ‚Ich bin der Ich bin' so verstehen, als ‚wäre' alles übrige nicht?" Darauf gibt Augustinus, in der Weise des Gebetes sprechend, sich die Antwort: „Laß also das Sein selber [das *ipsum esse*] sagen, was es ist; laß es dies zum Herzen sagen [...]. Laß den inneren Menschen, laß sein Denken verstehen, daß ‚wahrhaft sein' bedeutet: immer auf die gleiche Weise sein"; *vere esse est enim semper eodem modo esse.*[273] – In seinem spekulativsten, reifsten Werk, in den Büchern über die Trinität, hat Augustinus es noch einmal zusammengefaßt: „Vielleicht sollte man sagen, Gott allein sei *essentia.* Denn er allein ‚ist' wahrhaft, weil er unveränderlich ist – und dies ist es, was er zu Moses, seinem Knechte, sprach: ‚Ich bin der Ich bin'."[274] Das ist eine klar „essentialistische" Deutung des Seinsbegriffs: Das Äußerste an Sein ist anzutreffen in der unwandelbaren Wesenheit. Aus diesem gleichen augustinischen Grundgedanken lebt das Wirklichkeitsbild des Boethius, Anselms, Bonaventuras. Und dann kommt Thomas und sagt: „Ich bin der, der Ich bin" heißt: Ich bin der, dessen Wesen es ist, zu existieren. „Wenn Augustinus den Gottesnamen las, dann verstand er: ‚Ich bin der sich niemals Wandelnde'; wenn Thomas die gleichen Worte las, dann verstand er: ‚Ich bin der reine Akt des Seiens'."[275]

Ich sagte, diese Einsicht des heiligen Thomas, diese Fassung des Seins- und Gottesbegriffs mache für ihn die Bejahung alles dessen, was ist, schlechthin unvermeidlich und einfachhin zwingend. Um das zu sehen, muß man zweierlei bedenken. – *Erstens*: Was die Dinge zu wahrhaft „wirklichen" Dingen macht, ist der Akt des Existierens. Nicht also die inhaltliche Fülle des Wesens ist primär entscheidend; entscheidend ist das schlichte, aber unergründliche Faktum, wodurch sich ein möglicher Mensch von einem wirklichen Menschen unterscheidet. Natürlich gibt es eine Rangordnung der existierenden Wesen je nach dem inhaltlichen Reichtum des Wesens, je nach der Vollkommenheit der „*essentia*". Doch ist zunächst zu fragen: Was heißt „größere Fülle des Wesens"? Könnte sie nicht in der tieferen Intensität des Existierens liegen? Vor allem aber ist der Schritt vom Nicht-Existieren in die faktische Existenz unvergleichlich entscheidender als der Schritt von der Pflanze zum Tier oder vom Tier zum Menschen. Das Entscheidende ist *der actus*, das Tun schlechthin, die tathafte Verwirklichung des Wesensbestandes: *esse est illud quod est intimum cuilibet et quod profundius omnibus inest*[276]; das Seien, der Akt des Seiens, ist das Allerinnerste für jedes Wesen und das ihnen allen am tiefsten Eingesenkte.

Keines der uns bekannten Wesen vermag – *zweitens* – diesen *actus*, das schlichte Da-Sein, von sich aus zu vollziehen. Vor allem sind wir selber – das ist für jedermann völlig einleuchtend – schlechthin unvermögend, aus Nicht-Existierendem etwas Existierendes zu machen. So etwas ist noch nie geschehen; und alles spricht dagegen, daß dies je geschehen könnte. Nichts ist so unbestritten wie das. Wir können wohl etwas machen aus etwas, das schon da ist; aber daß dieses Etwas da sei, können wir nicht machen. Wir können nichts erschaffen. Wenn anderseits Erschaffung soviel besagt wie Hervorbringung der Dinge ins Sein, *productio rerum in esse,* dann ist Erschaffung vor allem *Existenzsetzung*. Augustinus gibt, indem er den Begriff der *creatio* erläutert, zu verstehen, es handle sich um den Akt, wodurch der, welcher ist, was er ist, bewirkt, daß auch die Dinge seien, was sie sind: Stein, Baum, Tier, Mensch, Engel. Gilson hat diesen augustinischen Gedanken eine „Entexistentialisierung" des Schöpfungsbegriffs genannt.[277] Thomas hingegen hat es schon in seinem Erstlingsbuch *Über Dasein und Wesen* formuliert (und es gewinnt, nach unseren letzten Überlegungen, ein ganz neues Gesicht, daß der Siebenundzwanzigjährige sogleich dies sublimste aller möglichen metaphysischen Probleme bei den Hörnern packt) – Thomas sagt schon im allerersten Kapitel dieses frühen *opusculum: „essentia"* besage, daß in ihr das Seiende *Existenz* habe.[278] Wahrhaftig und endgültig „da" sind die Dinge nicht durch das, *was* sie sind, sondern durch den *actus essendi*. Und ebendies, die Mitteilung des *actus essendi,* das heißt, der baren Existenz – ebendies ist Erschaffung im vollen Sinn: *Primus effectus Dei in rebus est ipsum esse, quod omnes alii effectus praesupponunt*; „die erste Frucht des Wirkens Gottes in den Dingen ist das Seien selbst; alle übrigen Wirkungen setzen es – das Seien – voraus."[279] Noch zwei Sätze aus der Schöpfungslehre der *Summa theologica*: „Weil Gott kraft seines Wesens das Seien selber ist, darum ist notwendig das Seien der Kreatur seine wesenseigentümliche Hervorbringung: so wie das Entflammen die wesenseigentümliche Wirkung des Feuers ist."[280] Und: „*Darum* muß Gott notwendig *in* allen Dingen sein, und zwar auf die innerlichste Weise"; *oportet quod Deus sit in omnibus rebus et intime*.[281]

Dies alles miteinander besagt, auf die kürzeste Formel gebracht, das Folgende: Wo immer ich etwas Wirkliches, etwas auf welche Weise immer Existierendes antreffe, da treffe ich etwas an, das unmittelbar von Gott her „entflammt" ist. Ich habe es mit etwas zu tun, das dem Durch-sich-selbst-Existierenden ähnlich ist – und zwar nicht erst auf Grund einer „hinzukommenden" Vollkommenheit, sondern auf Grund des Existierens selbst: *in quantum habet esse, est ei simile*.[282] – Das platonische Denken liebt die Vorstellung des Aufstiegs zu Gott durch die hierarchische Stufenordnung der Wesenheiten, einer allmählichen Annäherung an das unwandelbare Sein Gottes. Thomas hingegen sagt: *Jedes* existierende Ding – ob lebendig oder nicht, ob materiell oder geistig, ob vollkommen oder armselig, ja, ob gut oder böse – alles, was Dasein hat, konfrontiert mich auf höchst unmittelbare Weise mit der Ur-Wirklichkeit Gottes. Wenn ich das Existierende, was auch immer es sei, *als* ein Existierendes in den Blick nehme (natürlich sehen wir nicht das Existieren, wir sehen und fassen nur, „was" da vor uns steht; der Akt des Seiens aber ist gerade nicht ein Etwas; aber wir wissen, daß er die Wurzel ist von dem, was wir als ein Etwas fassen können)[283] – wenn ich also, mit voller Entschlossenheit, zu ergründen suche, was sich da „tut" (das ist gar nicht einmal so ungenau!) vor meinen Augen, die ein Körnchen Materie, einen Birkenzweig oder ein menschliches Antlitz betrachten, dann kann ich es unmöglich vermeiden, zu denken: Dies ist etwas vom *actus purus* her Entflammtes. Und so ist es, genau genommen, zu wenig, zu sagen: Alles, was ist, ist dadurch, daß es ist, gut; „es ist für jegliches Ding das gleiche, zu sein und gut zu sein"; *idem est unicuique rei esse et bonum esse*.[284] Dies also ist, streng genommen, noch ein zu schwacher Ausdruck für die Bejahung, die der von Thomas formulierte Begriff des Seins erzwingt. Vielmehr gilt: Die Welt ist, weil ihr Sein Teilhabe ist an dem sie innerlichst durchwaltenden göttlichen Sein, nicht allein eine gute Welt, sie ist, in einem sehr präzisen Sinn, *heilig*.[285]

Daß dies keine Verharmlosung des Bösen in der Welt ist, kann hier nicht des näheren gezeigt werden. – Ich sagte: Wir können nicht machen, daß etwas existiere. Was aber die mit Freiheit begabten Wesen zu tun vermögen, das ist: ihre eigene Existenz durch ihr Ja zu intensivieren *und* sie durch ihr Nein zu schwächen. Wir können, auf Grund unserer Freiheit, der völligen Aktuierung unser selbst auch Widerstand entgegensetzen. Ebendies ist der Begriff des Bösen, der, so verstanden, nicht anders als der Begriff der Existenz gleichfalls „absoluten" Charakter besitzt. Wenn das Existieren nicht nur gut ist, sondern heilig, dann ist die Existenzverweigerung nicht nur böse, sondern sakrilegisch, widergöttlich.

*

Dies ist nun der Punkt, eine neue, sehr prinzipielle Frage zu stellen: ob nämlich all dies nicht längst und vielleicht schon von allem Anfang an einfachhin *Theologie* sei und also nicht Philosophie, nicht einmal Metaphysik. Diese Frage greift über die zuletzt erörterte Thematik weit hinaus. Sie betrifft den ganzen Thomas. Sie betrifft auch das, was wir selber hier treiben. In welchem Sinn sind dies „philosophische" Vorlesungen?

Thomas ist offenbar beides, Philosoph und Theologe. Eine ausdrücklich theologische Thomas-Vorlesung würde ganz andere Dinge zur Sprache bringen, von denen hier formell überhaupt nicht die Rede gewesen ist: die Trinitätslehre, die Lehre von der Inkarnation, von den Sakramenten. Die Frage ist nur, ob man das Theologische bei Thomas völlig gegen das Philosophische isolieren und das eine gesondert vom anderen betrachten kann. Gilson sagt, die Theologie des heiligen Thomas sei die Theologie eines Philosophen und seine Philosophie die Philosophie eines Theologen.[286]

Ich schlage vor, das Problem, das hier steckt, folgendermaßen anzupacken: Die Erörterung der Frage, ob es überhaupt Theologie geben könne und was das sei und wie sich Theologie etwa zu den Wissenschaften verhalte und zur Philosophie – eine solche Erörterung ist jedenfalls noch nicht Theologie; sie ist Gegenstand, sagen wir, einer philosophischen Wissenschaftslehre. Und es ist nun zu untersuchen, wie sich für Thomas dies Verhältnis von Theologie und Philosophie darstelle. Wenn es stimmt, daß Thomas die Aufgabe, „Aristoteles" und die „Bibel" zusammenzudenken, mit höchster kritischer Reflexion angepackt habe, wohl wissend, was er da unternahm, dann hat er ja ebendamit das Verhältnis von Theologie und Philosophie zu klären unternommen. – Das Feuer als Feuer betrachten: das sei Philosophie; das Feuer nicht als es selbst betrachten, sondern als Bild des göttlichen Lebens: das sei Theologie – diese Formulierung aus der *Summe wider die Heiden* habe ich schon einmal zitiert, allerdings weniger, um zu zeigen, was Thomas unter Theologie, als, was er unter Philosophie verstanden hat. Was Theologie eigentlich ist, kommt in dieser Formulierung noch gar nicht zu Gesicht. „Noch nicht" – das kann man bei Thomas selten sagen; es ist erstaunlich, wie sicher er bereits beim allerersten Zugriff die letzte Struktur des Sachverhalts erkennt.[287] Was hier von der Theologie gesagt wird, ist eine zutreffende Kennzeichnung dessen, was damals tatsächlich weithin als Theologie gilt: symbolisierende Wirklichkeitsbetrachtung. Doch findet sich diese Kennzeichnung der Theologie bei Thomas nur, so scheint es, in den frühen Schriften, etwa im *Sentenzen-Kommentar*[288] oder in der *Summe wider die Heiden*.[289] Später äußert er sich anders. – Ist aber Theologie nicht einfachhin „Lehre von Gott"? Nein, dies sei nicht das Unterscheidende, sagt Thomas; es gebe ja eine Gotteslehre, die gerade nicht Theologie, sondern Philosophie sei.[290]

Theologie im strengen Sinn ist, in ihrer logischen Struktur, etwas viel „Abgeleiteteres", Komplizierteres und Schwierigeres als die Philosophie. Philosophieren heißt: Ich richte den Blick in die Welt und auf mich selbst, und, solchermaßen die Wirklichkeit im Blick haltend, frage ich nach der letztgründigen Bedeutung des Ganzen von Welt und Mensch und Gott (sofern Gott mir in der Betrachtung der Welt oder auch in der inneren Erfahrung, etwa mit meinem eigenen Gewissen, vor den Blick kommt). Theologie treiben aber ist etwas ganz anderes. Theologie setzt mehr und anderes voraus, als daß da einerseits eine Welt vor meinen Augen sei und, hinter ihr, erschließbar oder erahnbar, Gott – anderseits, dieser objektiven Wirklichkeit gegenüberstehend, ich selber, erfahrend, denkend, fragend. Theologie gibt es nur auf Grund der Tatsache, daß aus der Sphäre des überweltlichen Gottes eine Botschaft an den Menschen ergangen ist, die nicht schon in der Welt selbst enthalten ist und also aus ihr selber, indem ich sie befrage, vernommen werden könnte. Mit der „Botschaft" ist gemeint, daß Gott neu und unvorhersehbar gesprochen habe, und zwar auf eine dem Menschen vernehmliche Weise. Theologie also gibt es nur, wenn es Offenbarung gibt. Dies ist die eine, die wichtigste Voraussetzung von Theologie. Die zweite Voraussetzung ist, daß der Mensch diese Botschaft nicht allein vernehme, sondern daß er sie annehme, das heißt, daß er glaube. Theologie ist nun die Bemühung um eine Interpretation der Offenbarung durch den Glaubenden und für den Glaubenden; sie ist der Versuch einer Antwort auf die Frage, was die in den Dokumenten der Offenbarung vernehmlich werdende Rede Gottes meine und besage. Die Theologie ist *doctrina secundum revelationem divinam*, so sagt Thomas im ersten *articulus* der *Summa theologica*.[291] *Sacra doctrina considerat aliqua secundum quod sunt divinitus revelata*.[292]

Es gilt aber nicht nur, daß ohne Offenbarung und ohne ihre gläubige Annahme keine Theologie möglich sei. Sondern es gilt auch das andere: Wo immer jene Voraussetzung gegeben ist, da ist Theologie möglich und im Regelfall auch verwirklicht. Mit diesem zunächst ziemlich abstrakt klingenden Satz ist etwas durchaus Konkretes und auch etwas einigermaßen Aggressives gesagt, das gerade den Philosophierenden betrifft. Platon nämlich hat zweifellos die heilige Überlieferung der Mythen als eine, wie er sagt, aus göttlicher Quelle herabgelangte Kunde[293] verstanden, das heißt, als Offenbarung; und er hat dieser Kunde geglaubt („Du hältst es für eine Geschichte, ich halte es für Wahrheit“[294]) – woraus folgt, daß die in den platonischen Dialogen anzutreffende Bemühung, das wahrhaft Gemeinte aus der Bilderrede der Mythen herauszulösen, Theologie im strengen Sinn ist. Das Aufregende ist nun, daß auch Thomas diese platonische Mythen-Interpretation als Theologie im strengen Sinn bezeichnen würde – da er, mit der abendländisch-christlichen Theologie insgesamt, der Meinung ist, es gebe Offenbarung, wahrhaftige Rede Gottes an die Menschen auch außerhalb der Heiligen Schrift. *Multis gentilium facta fuit revelatio*; „vielen Heiden ist Offenbarung widerfahren“ – Thomas hat das viele Male ausgesprochen.[295] Und er sieht keine Schwierigkeit darin, etwa bei den *Sibyllen* eine *inspiratio divina* anzunehmen. Das Einzelne geht uns hier nicht weiter an. Wichtig aber ist, daß dieser Begriff einer in dem Gesamtbestand der mythischen Überlieferung der Völker nachklingenden „Rede Gottes“[296] bedeutet: Theologie, als Interpretation jener göttlichen Rede (vom Sinn der Welt und vom menschlichen Heil), ist eine über die ganze Breite des geistigen Lebens der Menschheit hin völlig selbstverständliche Sache!

Wenn man nun fragt nach dem in der Natur beider begründeten Verhältnis von Theologie und Philosophie, so muß zu allem Anfang eine Warnungstafel aufgerichtet werden: Diese Frage zu erörtern, hat nicht den mindesten Sinn für den, der nicht akzeptiert, daß es überhaupt Theologie gibt; das heißt, für den, der weder die Tatsache von Offenbarung anerkennt noch den Inhalt der Offenbarung als Wahrheit annimmt. Ich sage nicht nur, ohne diese Voraussetzung bleibe die Erörterung über das Verhältnis von Philosophie und Theologie eine rein hypothetische und abstrakte Sache; sondern ich wage zu behaupten, daß diese Erörterung dann nicht einmal als „Spielerei“ möglich sei. Bestimmte Dinge kann man gar nicht spielerisch treiben – nicht, als sei das bloß unangemessen: Es funktioniert gar nicht, man treibt sie eben überhaupt nicht. So ist es einfachhin nicht möglich, zu sagen: Nehmen wir an, die Christen hätten recht, und sehen wir zu, wieweit wir damit kommen. Man kann dies eben nur dann „sehen", das heißt, man wird des Lichtes, das von der Glaubenswahrheit her auf die Wirklichkeit fällt, nur ansichtig, wenn man im vollen Sinn glaubt, das heißt, wenn man sich mit dem Geglaubten existentiell identifiziert. Die Frage also, wie Theologie und Philosophie, als lebendige geistige Akte verstanden, einander wesensmäßig zugeordnet seien, kann nur unter der Voraussetzung sinnvoll erörtert werden, daß beide Akte überhaupt vollzogen sind.

Die meisten Diskussionen über dies Thema sind Schein-Diskussionen; in Wirklichkeit beziehen sie sich auf ein anderes Thema, nämlich auf die Frage, ob Theologie möglich sei, ob es so etwas gebe wie Offenbarung, auf Grund von was man sie erkenne, wie der Glaube begründbar sei – und so fort. Natürlich sind auch dies Fragen von äußerster Wichtigkeit; sie sind geradezu fundamental; es ist unerläßlich, sie zu erörtern. Aber es sind *andere* Fragen; sie haben nichts zu tun mit der Frage nach der wechselseitigen Zuordnung von Theologie und Philosophie.

XII

Philosophieren heißt, so haben wir gesagt, den Blick gerichtet halten auf die Gesamtheit des Begegnenden und nun methodisch die Frage erörtern, was es mit dem Zusammenhang von alledem und mit der letzten Bedeutung dieses Ganzen auf sich habe, was das überhaupt sei: „etwas Wirkliches", der Mensch selber, Geist, das Allgesamt der Dinge. Und Theologie treiben heißt, sich bemühen, eine Antwort zu finden auf die Frage, was das in der göttlichen Offenbarung eigentlich Gesagte sei.

Wenn wir nun den Blick nicht so sehr auf die Struktur dieser beiden Akte richten, sondern auf ihren *Gegenstand,* das heißt, auf das, womit diese beiden Akte es zu tun haben, dann zeigt sich zunächst folgendes: Der philosophische Akt hat es, kraft Definition, mit allem zu tun, was es gibt – sofern es dem auf das Begegnende gerichteten Blick zu Gesicht kommt.[297] Der Philosophierende betrachtet das Wirkliche, was auch immer es sei; und: Er betrachtet die Dinge als sie selbst, das Feuer als Feuer – und so fort. Der theologische Akt anderseits hat es mit dem zu tun, wovon der *theios logos* redet; er hat es zu tun mit all dem, wovon die göttliche Offenbarung handelt. Wovon aber handelt sie? Soviel ist sogleich klar: Es ist vom Standort dessen aus, der Theologie treibt, unmöglich, thematisch einen bestimmten Bereich abzugrenzen; das würde ja bedeuten, daß er den Versuch unternähme, die Rede Gottes auf bestimmte Inhalte einzugrenzen. Man braucht das aber nur auszusprechen, um die Absurdität eines solchen Unterfangens evident zu machen: Es ist doch nicht gut möglich, festzulegen, wovon Gott reden darf und wovon nicht. Dies bedeutet, daß es gleichfalls unmöglich ist, etwa zu sagen, die Theologie habe es mit dem zu tun, was jenseits der Reichweite der natürlichen Erkenntnis liegt. Die Dokumente der Offenbarung enthalten vieles, das „an sich" auch der natürlichen Erkenntniskraft des Menschen faßlich und erreichbar ist. Thomas hat das ausdrücklich als sinnvoll aufzuweisen versucht.[298] Was aber ist faktisch der Inhalt der Offenbarung? Würden wir diese Frage Platon vorlegen, so bekämen wir etwa folgende Antwort: Die heilige Überlieferung besagt, daß die Welt hervorgegangen sei aus der neidlosen Güte ihres Gründers[299]; daß Gott den Anfang und die Mitte und das Ende aller Dinge in den Händen halte[300]; daß der Geist die Herrschaft führe über das Ganze der Welt[301]; daß nach dem Tode die Guten etwas weit Besseres erwarte als die Bösen[302]; daß die Seele unvergänglich sei[303] – und so fort. Das Erstaunliche an dieser platonischen Auskunft ist, daß sie im Grunde thematisch übereinstimmt mit dem, wovon auch die christliche Offenbarung, wenngleich auf völlig neue Weise, spricht. Das gemeinsame Thema ist die göttliche Verbürgung der Welt und des menschlichen Heiles. Das aber bedeutet, daß die Theologie es gleichfalls zu tun habe mit der Welt im Ganzen und, vor allem, mit der menschlichen Existenz im Ganzen. Beide also, der Philosophierende wie der Theologietreibende, suchen eine Antwort zu geben auf die Frage, wie es sich mit der Welt im Ganzen verhalte und wie es vor allem, letzten Grundes, um den Menschen bestellt sei. Diese alles umgreifende Universalität des Frage-Aspektes ist das, wodurch sich Philosophie und Theologie gleichermaßen von jeder anderen Wissenschaft unterscheiden. Jede andere Wissenschaft konstituiert sich durch einen Auswahl-Gesichtspunkt; keine Wissenschaft fragt, wie es sich, in jeder möglichen Hinsicht, mit der Welt im Ganzen verhalte. Das Problem der methodischen „Reinheit" und Sauberkeit, negativ ausgedrückt, das Problem der Grenzüberschreitung, das heißt, der thematischen Begrenzung des eigenen Reviers, ist damit für die Philosophie und die Theologie gleichermaßen nahezu bedeutungslos; fast ist es nicht-existent. – Der *Philosophierende* ist nicht eigentlich dadurch gekennzeichnet, eine bestimmte, methodisch klar abgegrenzte Disziplin zu pflegen. Man kann fast sagen, der im Ernst Philosophierende interessiere sich gar nicht für „Philosophie". Er will wissen, wie es sich verhalte mit dem Ganzen von Welt und Mensch – freilich *sofern* hiervon etwas dem, völlig offen und unbefangen, auf das Begegnende gerichteten Blick zu Gesicht kommt. Was allerdings heißt das: „zu Gesicht kommen"?

Wenn sich mir etwas, das ich nicht positiv ausmachen kann, dennoch als unausweichliche Folgerung aufdrängt; wenn sich mir, in dem Begegnenden selbst, etwas andeutet als eine Ahnung, als eine Ahnbarkeit – handelt es sich da um ein „Zu-Gesicht-Kommen"? Jedenfalls bin ich, sofern ich philosophierend den Menschen ins Auge fasse, nicht nur für den Fall „unphilosophisch", daß ich etwa sage: Mich interessiert, da ich ja nach dem „metaphysischen Wesen des Menschen" frage, jetzt nicht, was Biologie, Psychologie, allgemeine Verhaltensforschung an Auskunft über den Menschen enthalten. Nicht allein in diesem Fall habe ich aufgehört, auf philosophische Weise zu fragen, sondern auch dann, wenn ich etwa sage: Es interessiert mich jetzt nicht, daß die Theologen behaupten, es sei dem Menschen, in der Ur-Zeit, etwas Unheilvolles und für alle Zeit Folgenreiches widerfahren. Platon jedenfalls hat sich, indem er im Symposion nach dem letzten Wesen von Eros fragt, sehr wohl um den Mythos vom Sturz des urzeitlichen Menschen gekümmert. *Apud philosophos*, sagt Thomas, *Philosophia Prima utitur omnium scientarum documentis*; die *philosophia prima*, die am meisten philosophische Philosophie, bedient sich der Funde aller Wissenschaften.[304] – In ganz ähnlicher, alle methodisch absteckbaren Grenzen einer Spezialdisziplin überflutender Weise verfährt auch der *Theologe*. Um seiner spezifisch theologischen Aufgabe, den Sinn des in der göttlichen Rede Gesagten zu ermitteln, einigermaßen genügen zu können, darf der Theologe sich nicht auf eine, sagen wir, rein „biblizistische" Befassung mit der Offenbarung beschränken, sondern er muß, indem er sein eigenes Ziel ins Auge faßt, alles hinzubedenken, was er sonst, und sei es woher immer, über den zur Rede stehenden Gegenstand weiß. Wie dürfte er, etwa in der Interpretation des biblischen Schöpfungsberichtes, irgend etwas formell außer Betracht lassen, das die Evolutionsforschung, die Paläontologie, die Biologie zutage gefördert hat und immer neu zutage fördert? Der Theologe also hat es, indem er sein eigentliches Amt ausübt, nicht primär darauf abgesehen, „methodisch saubere" Theologie zu treiben (wiewohl er das natürlich tun muß). Sein primäres Absehen ist darauf gerichtet, das in der göttlichen Rede Gemeinte möglichst genau zu fassen, zum Beispiel zu sagen, was, unter Berücksichtigung alles dessen, was wir kritisch von der Erdgeschichte, vom Menschen als Lebewesen, von seiner Vorgeschichte wissen, der Satz bedeutet: „Gott bildete den Menschen aus dem Lehm des Ackers und hauchte ihm den Odem des Lebens ein.“ – Bei Thomas steht zu lesen: „Die Erkenntnis des Glaubens setzt die natürliche Erkenntnis voraus“[305]; „offenbar müssen die, welche die Heilige Schrift lehren (das heißt: die Theologen), sich auch der weltlichen Weisheit bedienen“[306]; „Irrtümer über die Schöpfung führen zuweilen von der Wahrheit auch des Glaubens ab.“[307]

Dies alles miteinander bedeutet: Das Geschäft sowohl des Philosophierenden wie des Theologen ist dadurch gekennzeichnet, daß offenbar keine erreichbare Auskunft über den zur Rede stehenden Gegenstand formell ausgeschlossen werden darf; im gleichen Augenblick, in dem das geschähe, triebe man nicht mehr in Wahrheit Philosophie oder Theologie. Natürlich ist es eine utopische Forderung, der Philosophierende und der Theologe müßten alle erreichbaren Auskünfte ausdrücklich einbeziehen oder auch nur kennen. Eben hierin hat, anderseits, die „Unmöglichkeit“ sowohl der Philosophie wie der Theologie ihren Grund. Für den Philosophierenden hat Dilthey es ausgesprochen: „Die Anforderungen an die philosophierende Person sind unerfüllbar. Ein Physiker ist eine angenehme, sich und anderen nützliche Wirklichkeit; der Philosoph existiert, wie der Heilige, nur als Ideal.“[308]

Von hier aus nun stellt sich die Frage nach der wechselseitigen Zuordnung von Philosophie und Theologie. Für den Theologen lautet die Frage so: Was bedeutet für den, der davon überzeugt ist, daß Gott gesprochen hat, und der nun, unter Bedenkung alles dessen, was er schon weiß, und unter Bedenkung des sonstwo Geoffenbarten, zu ermitteln sucht, was eine bestimmte Lehre der Offenbarung besagt – was bedeutet für diese Bemühung die Philosophie (womit jetzt nicht irgendwelche, vom philosophierenden Menschen abtrennbaren Thesen und Lehrsätze gemeint sind, sondern der philosophische Akt selbst)? – Und für den Philosophierenden lautet die Frage so: Wenn einer, den Blick auf die Welt und sich selbst gerichtet, nach der letztgründigen Bedeutung des Begegnenden fragt – was bedeutet dann für ihn, den also Fragenden, die Theologie, das heißt, die Interpretation der göttlichen Rede – welche göttliche Rede aber dem, der an ihre Wahrheit glaubt, die vor Augen liegende Realität, auf die nach wie vor der Blick gerichtet bleibt, tiefer aufhellt und zugänglich macht? – Wie stellt sich diese Zuordnung etwa dar im Falle der von Thomas formulierten „existentiellen" Deutung des Seinsbegriffes? „Ist es Thomas, der *Theologe*, welcher – aus dem Buche *Exodus* die Identität von *essentia* und *existentia* in Gott entnehmend – den *Philosophen* Thomas lehrt, daß in den geschaffenen Wesen *essentia* und *existentia* nicht identisch sind? Oder: Ist es der *Philosoph* Thomas, der seine Analyse der metaphysischen Struktur des Konkreten bis zu der Unterscheidung von *essentia* und *existentia* vortreibt – ist es der *philosophierende* Thomas, der den *Theologen* Thomas lehrt, daß ‚Ich bin der Ich bin' im Buche *Exodus* den Akt des Seiens bedeutet?"[309] Wenn die theologische Deutung dieses Gottesnamens durch Thomas um eine ganze Dimension tiefer ist als die Deutung Augustins – verdankt Thomas dies der Philosophie (oder gar Aristoteles)? Oder ist es die philosophische Seinserfassung, die hier von der Theologie „profitiert"? Muß man nicht sagen, es handle sich um einen einheitlichen Akt oder um ein einheitliches Aktgefüge, das nicht mehr auftrennbar ist in den philosophischen „Bestandteil" einerseits und in den theologischen anderseits? Gewiß kann abstrakt noch immer das Philosophische vom Theologischen unterschieden werden. Aber konkret ist es doch so, daß da ein lebendiger, mit dem Wirklichkeitsganzen konfrontierter Mensch, dieser Thomas von Aquin, als ein zugleich Glaubender und Denkender (und sinnlich Erfahrender), als ein das Geglaubte Reflektierender und zugleich die Dinge, den Menschen, die Welt mit allen natürlichen Erkenntniskräften Betrachtender, sich fragt: Wie verhält es sich mit alledem? Man kann also gar nicht aus dem Gesamtwerk des heiligen Thomas eine Philosophie herausdestillieren und sie gesondert für sich darstellen; das würde dann, wie Gilson[310] gesagt hat, eher eine Philosophie *ad mentem Cartesii* als eine *ad mentem Divi Thomae* ergeben. Zwar hat Thomas, gerade er, *unterschieden* zwischen Philosophie und Theologie. Aber er hat unterschieden, um zu verknüpfen, und nicht, um zu trennen. Ihrer Natur nach gehören Philosophie und Theologie zu einer Form-Einheit zusammen. Diese Einheit freilich verwirklicht sich allein im lebendigen Denken des Philosophierenden, der an die göttliche Offenbarung glaubt und das Geoffenbarte in seiner Reflexion zu bedenken und aufzufassen unternimmt (was zu tun der Philosophierende, als ein nach dem Gesamtzusammenhang Fragender, gar nicht unterlassen kann); und allein im lebendigen Denken des Theologen, der davon überzeugt ist, daß auch die natürlichen Erkenntniskräfte des Menschen wahrhaft Wirklichkeit zu fassen bekommen, und der es gleichfalls nicht unterlassen darf, zu bedenken, was immer an Auskunft über Welt und Mensch verfügbar ist.

Wer dies akzeptiert, der muß zugleich sehen, was für eine fragwürdige Sache der Streit und die Empörung ist, die sich zu entzünden pflegen an der Vorstellung, daß die Philosophie die „Magd" der Theologie sei, die *ancilla theologiae*. Diese Polemik ist eigentlich schon gar nicht mehr fragwürdig; sie ist einfach langweilig geworden.

Historisch betrachtet, scheint das Wort von der „Magd der Theologie" zum ersten Mal durch den jüdischen Religionsphilosophen Philon († um 50 nach Christus) verwendet worden zu sein. Bei den Kirchenvätern sind ähnliche Formulierungen völlig geläufig.[311] Viel interessanter aber ist der Umstand, daß sich bei Thomas die Wasser zweier Quellen mischen, wenn er von dieser Sache spricht; und diese beiden Quellen sind, wieder einmal, Aristoteles und die *Bibel*. Aristoteles fragt, zu Anfang der *Metaphysik*[312], nach den Merkmalen, die jedermann der eigentlichen, wahren Weisheit zuspreche; und unter diesen Merkmalen wird auch genannt, Weisheit sei etwas baumeisterlich Herrschendes und nicht etwas Dienendes. Der Weise dient nicht, sondern man dient ihm *sapientem [...] non decet ordinari ab alio; sed ipsum potius alios ordinare* – so Thomas in seinem Kommentar dazu.[313] Die andere Quelle, die Heilige Schrift, wird von Thomas ausdrücklich in diesem Zusammenhang zitiert: „Die [göttliche] Weisheit sendet ihre Mägde aus, die Menschen einzuladen in ihre Burg" (*Spr* 9,3).[314]

Natürlich aber hat die Sorge um die Unabhängigkeit der Philosophie nicht nur unrecht. Die Philosophie „dient" nicht zu etwas, weil es ihr um Weisheit zu tun ist. Gerade dies, *nicht* auf einen außerhalb ihrer selbst gelegenen Zweck hingeordnet zu sein, unterscheidet die Philosophie von den Einzelwissenschaften. Niemand hat sich je darüber entrüstet, daß die medizinische Wissenschaft offenbar die „Magd" der Heil-Praxis ist und von hier aus ständig Richtweisungen erhält; jedermann findet es selbstverständlich, daß Physik und Chemie regelmäßig von technischen, wirtschaftlichen, militärischen Zielsetzungen her Aufgaben gestellt bekommen. Ebendies ist das Unterscheidende der Philosophie, daß sie ihrer Natur nach gar nicht auf solche Weise in Dienst genommen werden kann. Dann also auch nicht von seiten der Theologie? Auf diese verfängliche Frage würde ich folgende Antwort geben: Die „Indienstnahme" der Philosophie durch die Theologie ist etwas völlig anderes, sie hat eine nicht-vergleichbar andere Struktur als die Indienstnahme der Wissenschaften durch die Praxis. Das Philosophieren zielt, so sagten wir, auf Weisheit, und zwar auf Weisheit um ihrer selbst willen. Nun, die Theologie, welche da einen „Herrschaftsanspruch" anmeldet, ist eine höhere Gestalt eben dieser Weisheit selbst! Die Philosophie auf die Theologie „hinordnen", heißt also gar nicht, sie auf einen außerhalb ihrer selbst gelegenen, fremden Zweck beziehen und sie ihm unterordnen. Es ist vielmehr der im Philosophieren selbst intendierte Zweck, Weisheit schlechthin, „Wissen um die höchsten Ursachen" – es ist dieses gleiche Ziel, das im Glauben und in der Theologie auf höhere Weise als in der Philosophie erreichbar und realisierbar wird. Dies kann natürlich nur dem einleuchten, der die Theologie überhaupt als eine sinnvolle Sache akzeptiert hat; nur für ihn gibt es ja das Problem der Zuordnung von Philosophie und Theologie. Für ihn aber ist es eine bare Selbstverständlichkeit: daß die göttliche Weisheit das in allem Philosophieren eigentlich Gesuchte ist und daß Gottes Rede über des Menschen Rede steht.

Leider aber ist der Sachverhalt noch ein wenig komplizierter. Denn die Theologie ist ja nicht einfachhin identisch mit „Gottes Rede“ und „göttlicher Weisheit“. Theologie meint hier *menschliche* Rede; gemeint ist die menschliche Bemühung um die Interpretation von Offenbarung. Und so verstanden, steht die Theologie natürlicherweise im Spannungsfeld der vollen menschlichen Existenz – mit allen Möglichkeiten, auch der Entartung. Es ist zum Beispiel sehr wohl denkbar, daß die Theologie ihr Verhältnis zur Philosophie mißversteht und daß ein falscher Herrschaftsanspruch proklamiert wird; und dies ist nicht nur „denkbar“. Thomas hat ja die Eigenständigkeit des Philosophierens zu verteidigen gehabt gegen solche ungerechtfertigten Ansprüche der Theologie seiner Epoche. Zum Beispiel gab es damals – und es gibt wohl immer – die Meinung, die Philosophie solle thematisch beschränkt werden auf das theologisch Bedeutsame, auf das, was der Theologe brauche; zum mindesten müsse der Theologe seine eigene Befassung mit der Philosophie auf diesen Themenkreis begrenzen. Das etwa ist die Meinung, die Bonaventura formuliert in seiner berühmten Schrift *De reductione artium ad theologiam*.[315] Genau hiergegen wendet sich Thomas, und zwar nicht bloß im Namen der Philosophie, sondern zugleich im Namen der Theologie selbst, die der Verbindung mit einer freien und unabhängigen Philosophie bedarf.

Man kann die These des heiligen Thomas, wie sie in seiner faktischen Verfahrensweise unausgesprochen enthalten ist, etwa folgendermaßen formulieren. – Erstens: Kein Theologe vermag, auf Grund der bloßen Definition von Theologie und Philosophie, im voraus zu sagen, welche philosophischen und überhaupt welche natürlichen Erkenntnisse für ihn von Wichtigkeit sind oder werden können. Der Theologe „braucht" möglicherweise *alles*, wie anderseits jeder Irrtum über die Welt oder den Menschen ihm möglicherweise hinderlich oder gar verhängnisvoll werden kann.[316] Darum ist es, wie Thomas sagt, um seiner selbst willen lobenswert, sich mit dem Studium der weltlichen Wissenschaften zu befassen.[317] Hieronymus wird in diesem Zusammenhang zitiert, der von der *sancta rusticitas* spricht, von der heiligen Ungebildetheit, die höchstens sich selber nütze.[318] – Zweitens: Auch der Theologe hat es mit einer, trotz der Offenbarung, noch immer verhüllten, keineswegs zutage liegenden und also stets tiefer aufschließbaren Wahrheit zu tun.[319] In welcher Weise und in welcher Richtung sie aber aufgeschlossen werden kann, vermag niemand im vorhinein zu sagen. Dies zeigt sich möglicherweise erst auf Grund bestimmter philosophischer oder wissenschaftlicher Erkenntnisse, die von der Theologie her niemals hätten geplant werden können, die sogar, wegen der mit ihnen unvermeidlich verknüpften Beunruhigung, von der Theologie oder vielmehr von den Theologen niemals gewünscht worden wären. Die Theologie nimmt als menschliche Unternehmung durchaus teil an der Begrenztheit, an der Entartungsmöglichkeit und also auch an der Korrekturbedürftigkeit alles Menschlichen – und zwar auf eine spezifische, gerade ihrer Natur entsprechende Weise. In diesem Punkt verdanken wir dem realistischen Blick des angelsächsischen Geistes ebenso aggressive wie gesunde Äußerungen, die ganz und gar Geist vom Geiste des heiligen Thomas sind. Hier sind vor allem *John Henry Newman* und *Friedrich von Hügel* zu nennen. Von Newman stammt der Satz, die typischen Entartungsmöglichkeiten der Theologie seien „Systematisiererei, Phantasterei, Dogmatismus und Bigotterie", wobei er unter „Bigotterie" eine Art Selbstbeschränkung des Glaubens auf sich selbst versteht, ein ängstliches Sich-Abschließen vor allem gegen den frischen Wind der Erfahrung und des Wirklichkeitswissens. So aber verderbe die Theologie selber ihre besten und eigentlichsten Möglichkeiten; und das Resultat sei schließlich Sektengeist, Sophisterei und Denunziantentum.[320] Friedrich von Hügel, einer der großartigsten Geister der modernen Christenheit, hat es immer neu ausgesprochen, die Theologie bedürfe um ihrer eigenen Gesundheit willen des Widerstandes von seiten der Wissenschaft und der Philosophie; der Theologe müsse „in diesen wilden Strom" sich wagen: „Alle echten Mystiker haben eine Atmosphäre um sich, die anzeigt, daß sie wirklich durch Feuer und Wasser hindurchgeschritten sind. Nikolaus von Cues, Pascal, Malebranche sind nur drei von vielen, bei denen die Mystik und die mathematisch-physikalische Wissenschaft einander wechselseitig angeregt und miteinander der Seele ihre Tiefe gegeben haben."[321] Zwar ist also, nach der Meinung des heiligen Thomas, die Theologie, als Interpretation von Offenbarung, die höhere Gestalt von Weisheit. Aber: Sie bedarf, um ihr eigenes Geschäft treiben zu können, des Dienstes der Wissenschaften und der Philosophie. *Propter defectum intellectus nostri,* wegen des Versagens unserer Erkenntniskraft, auf die auch der Theologe, indem er Theologie treibt, angewiesen bleibt – wegen dieser Schwäche *bedarf* die Theologie der unabhängig erarbeiteten Auskünfte des natürlichen Wissens; sie „bedient" sich ihrer, sie „setzt sie voraus"[322], indem sie sie hörend, sich unterrichtend, zur Kenntnis nimmt. Wird nicht, so betrachtet, dies ganze anstößige Fragen, wer wem „diene", sinnlos?

Dies alles bedeutet, daß Philosophie und Theologie nicht gegeneinander isoliert werden können. Sie sind eine unscheidbare Einheit, sowohl im lebendigen Vollzug wie auch in ihrem Ergebnis.

*

Wenn nun, freilich völlig zutreffend, gesagt wird, diese Formeinheit von Philosophie und Theologie sei das Strukturprinzip der Summen des heiligen Thomas, vor allem seiner *Summa theologica,* dann muß sofort, im gleichen Atemzug sozusagen, ein Mißverständnis ausgeschlossen werden, das nahezu unvermeidlich zu sein scheint. Es ist das Mißverständnis, wonach die *Summa* die anspruchvollste Gestalt des geschlossenen Systems sei, etwa im Sinne Hegels, der sagt: „Die wahre Gestalt, in welcher die Wahrheit existiert, kann allein das wissenschaftliche System derselben sein."[323] Nach dieser Meinung wäre die *Summa theologica* die Darstellung eines Systems, in welchem jede Frage an ihrem Ort abgehandelt und beantwortet sei, eine adäquate Spiegelung der wesentlichen Wirklichkeit der Welt – eine Gesamtlösung, in welcher sogar auch die Probleme, mit denen das natürliche Denken allein nicht zu Rande kommen kann, durch die Antwort des Glaubens und der Theologie zu endgültiger Klärung gebracht seien.

Es ist hier zunächst das rein äußere Faktum zu bedenken, daß die *Summa theologica* des heiligen Thomas unvollendet geblieben ist. Übrigens ist es nicht ganz zutreffend, dies ein „äußeres Faktum" zu nennen. Denn es ist nicht so, daß der frühe Tod Thomas die Feder aus der Hand genommen hätte. In diesem Punkt sind die in den Editionen durchweg anzutreffenden Anmerkungen der Herausgeber nicht richtig, sondern Thomas hat eines genau datierbaren Tages, am 6. Dezember 1273, von der Feier des Meßopfers in seine Zelle zurückkehrend, erklärt, es widerstrebe ihm, weiterzuschreiben: „Alles, was ich geschrieben habe, erscheint mir wie Stroh – verglichen mit dem, was ich geschaut habe und was mir offenbart worden ist." Und bei dieser Weigerung ist es geblieben. Das bedeutet, daß der Fragment-Charakter der *Summa theologica* mit zu ihrer Aussage gehört.

Jenes Verstummen aber ist nur die äußerste existentielle Realisierung einer Haltung, die Thomas immer schon, und mit den fortschreitenden Lebensjahren immer deutlicher, theoretisch formuliert und begründet hat. Diese Haltung zeigt sich nicht allein in dem Fragment-Charakter des Werkes; nicht nur in dem, was fehlt, sondern auch in dem ausdrücklich Gesagten. Es ist aber ausdrücklich gesagt, all unser Wissen, auch das des Theologen, habe Fragment-Charakter. Die Klarheit der Diktion des heiligen Thomas ist trügerisch. Chenu spricht von einem Argumentieren „innerhalb des Mysteriums"[324]. Thomas ist so wenig ein Klassiker des Systemdenkens, daß sich im Gegenteil zeigen läßt, er hege „ein äußerstes Mißtrauen gegen Systeme", *une extrême défiance des systèmes.*[325] Wenn man aus Thomas schon keinen „Klassiker“ machen kann, dann erst recht nicht den Verfechter eines „-ismus“. Wenn der „Thomismus“ sich so versteht, daß er den Anspruch macht, die Lehre des heiligen Thomas vollständig in ein schulmäßig tradierbares System von Sätzen zu bringen, dann muß er eine Fälschung genannt werden. Es ist dann gerade das unterschlagen, worin, wie ich glaube, die Größe des philosophischen und theologischen Denkers Thomas liegt: seine verehrende Haltung gegenüber dem, was ist – welche Verehrung sich vor allem zeigt in dem Verstummen vor dem Unaussagbaren und vor der Unbegreiflichkeit des Seins. Es ist nicht nur Gott, von dem Thomas, auf eine uns oft genug erschreckende Weise, sagt, daß wir nicht wissen, was er ist. Dies ist einer der ersten Sätze der *Summa theologica,* den er also auch den „Anfangenden“ nicht hat vorenthalten wollen: *De Deo scire non possumus quid sit, sed quid non sit;* „wir vermögen nicht zu wissen, was Gott ist, vielmehr nur, was er nicht ist.“[326] Ja, es gibt eine sehr extreme Formulierung, die das Nichtwissen geradezu das Beste des Wissens selber nennt: „Dies ist das Äußerste menschlichen Gotterkennens: zu wissen, daß wir Gott nicht wissen“, *quod homo sciat se Deum nescire.*[327] – Es ist aber, wie gesagt, nicht nur Gott, von dem Thomas behauptet, daß wir unvermögend seien, sein Wesen zu fassen. Auch die geschaffenen Dinge sind uns unergründlich – und zwar deswegen, weil die Dinge, alle Dinge außer Gott, Kreatur sind. Kreatur sein heißt nämlich erstens: einen göttlichen Entwurf nachbilden, einen Entwurf, der uns notwendig unzugänglich bleibt. Und zweitens heißt Kreatur sein: als Existierendes entflammt sein durch den *actus purus;* das Existieren selber aber ist so unbegreiflich, daß man nicht einmal mit Fug sagen kann, es „existiere“ („Wie wir nicht sagen können: das Laufen selber ‚läuft‘ – so können wir auch nicht sagen: das Seien selber ‚ist‘“, *quod ipsum esse sit*[328]). – Ist man einmal auf diese Fährte aufmerksam geworden, dann trifft man bei Thomas immer wieder auf Sätze, auf die uns der Schul-Thomismus gar nicht präpariert hat und die in der Tat jedes „System“ sprengen – wie etwa der Satz: *re-*

rum essentiae sunt nobis ignotae, „das Wesen der Dinge ist uns unbekannt.“[329]

Dies alles hat mit „Agnostizismus“ nicht das mindeste zu tun. Nach der Meinung des heiligen Thomas sind weder Gott noch die Dinge unerkennbar. Sie sind im Gegenteil so sehr erkennbar, daß wir mit dem Unternehmen, sie zu erkennen, niemals zu Ende kommen. Es ist gerade ihre Erkennbarkeit, die unausschöpfbar ist.[330] – Dies bedeutet einerseits, daß äußerstes Mißtrauen am Platz ist, wo immer einer mit dem Anspruch auftritt, er habe endgültig die Weltformel gefunden; es bedeutet, daß man sich nur ja nicht beirren lassen soll in dem Verdacht gegen jegliche Sorte von „-ismen“ – mag es der „Existenzialismus“ sein oder der „Marxismus“ oder auch der „Thomismus“. Verdacht und Mißtrauen sind aber nur die eine Seite der Münze; es ist erst die halbe Konsequenz aus der These, daß die Dinge zugleich erkennbar und unbegreiflich seien. – Die andere Seite ist eine unerschrockene Offenheit der Bejahung, die sich gefaßt macht auf immer neue Funde der Wirklichkeitserkenntnis, freilich eben damit auch auf stets neue Schwierigkeiten der Einformung dieses Neuen in ein Gesamtbild von der Welt und also auf immer neue Konflikte, die ständig wiederholte Revisionen des Bisherigen erzwingen, selbst in der Theologie.

Diese Haltung, die uns weder erlaubt, die schon gefundene Erkenntnis leichthin wegzuwerfen noch uns zur Ruhe zu setzen in einer falschen Endgültigkeit, ist nicht leicht zu realisieren. Sie ist eine sehr anspruchsvolle Sache. Aber sie ist vielleicht das beste unter den vielen Dingen, die es zu lernen gibt in der Schule des „allgemeinen Lehrers“ der Christenheit.

Anmerkungen

1 F. v. Steenberghen, *Le XIIIe siècle*; A. Forest / F. v. Steenberghen / M. de Gandillac, *Le Mouvement doctrinal du XIe au XIVe siècle*; Fliche-Martin, *Histoire de l'Eglise*, Vol. XIII, Paris 1951, S. 303.

2 E. Gilson, *History of Christian Philosophy in the Middle Ages*, London 1955, S. 325.

3 F. Heer, *Europäische Geistesgeschichte*, Stuttgart 1953, S. 147.

4 M.-D. Chenu, *Introduction à l'étude de St. Thomas d'Aquin*, Paris / Montrèal 1950, S. 13.

5 G. Schnürer, *Kirche und Kultur im Mittelalter*, Paderborn 1926, Bd. II, S. 441.

6 *Liber primus Posteriorum Analyticorum*, tract. I, cap. I; *Opera Omnia* (Ed. A. Borgnet), Paris 1890, Tom. 2, S. 3.

7 C. G. I, 2.

8 E. Gilson, *History*, S. 325.

9 J. Lortz, *Die Reformation in Deutschland*, Freiburg i. Br. 1939, Bd. I, S. 352.

10 Heidelberg 1956.

11 M. Ward, *Gilbert Keith Chesterton*, Regensburg 1956, S. 523f.

12 Die letzte (achte) Auflage erschien 1949 bei Kösel (München).

13 Paris 1950. – In deutscher Übersetzung erschienen unter dem Titel *Das Werk des heiligen Thomas von Aquin*, Heidelberg 1960.

14 Die französische Ausgabe erschien in 5. Auflage 1948 in Paris, die englische, nach welcher im folgenden zitiert wird, 1957 in London.

15 Vgl. Les poésies de Rinaldo d'Aquino (ed. O. Tallgren); in: Mémoires de la Société Néophilologique de Helsingfors 6 (1917).

16 *Contra Retr.* 9 (n. 803).

17 *Mittelalterliches Geistesleben*, München 1926, Bd. I, S. 261.

18 *Reg. princ.* I, 8–10.

19 M. Grabmann, *Die Kanonisation des heiligen Thomas*; in: Divus Thomas 1 (1923), S. 241f.

20 *Contra impug.* I, 1 (n. 11).

21 *Vita S. Thomae* 6, 31 (Ed. D. Prümmer), St.-Maximin 1924.

22 *Oratio ad vitam sapienter instituendam; Opuscula Theologica* (Ed. R. M. Spiazzi), Turin / Rom 1954, Vol. II, S. 285.

23 So die Thomas-Enzyklika Pius' XI. *Studiorum ducem,* Freiburg i. Br. 1923, S. 16.

24 Vgl. *Codex Iuris Canonici,* can. 589 und can. 1366.

25 Gleichfalls in der Thomas-Enzyklika *Studiorum ducem,* S. 18. – Über die Stellung des heiligen Thomas innerhalb der christlichen Philosophie vgl. F. G. Martinez, The place of St. Thomas in Catholic philosophy; in: Cross Currents (New York) 8 (1958), S. 43ff.

26 A. Mitterer, *Die Entwicklungslehre Augustins im Vergleich mit dem Weltbild des hl. Thomas von Aquin und dem der Gegenwart,* Wien/Freiburg i. Br. 1956, S. 15. – Ähnlich heißt es auf S. 327: „Die Kirche hat […] den Thomismus vorgeschrieben."

27 Vgl. E. Gilson, *Christian Philosophy,* S. 174; F. v. Steenberghen, *Le XIII*[e] *siècle,* S. 261.

28 *Christian Philosophy,* S. 174.

29 A. Stolz, Das Elend der Thomasinterpretation; in: Benediktinische Monatsschrift 13 (1931). – Im gleichen Jahrgang der gleichen Zeitschrift: St. Schmutz, Nach der Lehre des hl. Thomas (zur Thomasinterpretation).

30 Vgl. G. B. Shaw, *Musik in London,* Frankfurt 1957, S. 63f.

31 Vgl. hierzu J. Pieper, Die Aktualität des Thomismus; in: *Philosophia Negativa. Zwei Versuche über Thomas von Aquin,* München 1953, S. 55ff.

32 A. Hayen, *Thomas gestern und heute,* Frankfurt 1954, S. 62.

33 L. B. Geiger, *La participation dans la philosophie de St. Thomas d'Aquin,* Paris 1942, S. 31.

34 M.-D. Chenu, *Introduction,* S. 38ff.

35 H. Chr. Scheeben, *Der heilige Dominikus,* Freiburg i. Br. 1927, S. 31.

36 Zitiert nach J. Bernhart, *Sinn der Geschichte,* Freiburg i. Br. 1931, S. 53.

37 Vgl. G. Schnürer, *Kirche und Kultur im Mittelalter,* Bd. II, S. 442.

38 H. Chr. Scheeben, *Dominikus,* S. 229.

39 J. Bernhart, *Der Vatikan als Weltmacht,* Leipzig 1930, S. 177.

40 H. Chr. Scheeben, *Dominikus,* S. 43.

41 Ebd., S. 57.

42 Ebd., S. 143.

43 Ebd., S. 135.

44 Ebd., S. 377.

45 Ebd., S. 164.

46 Vgl. F. X. Seppelt, Der Kampf der Bettelorden an der Universität Paris in der Mitte des 13. Jahrhunderts. Zwei Teile; in: *Kirchengeschichtliche Abhandlungen*, Bd. 3, Breslau 1905 und Bd. 6, Breslau 1908.

47 H. Chr. Scheeben, *Dominikus*, S. 279.

48 Vgl. G. Schnürer, *Kirche und Kultur im Mittelalter*, Bd. II, S. 365.

49 *C. G.* I, 2.

50 Zum Beispiel: *Contra impug.* 2, 5 (n. 203, 204, 205, 206).

51 *Contra impug.* 2, 5 (n. 205).

52 I, 65–74 (Schöpfungsbericht); I, II, 98–105 (Gesetzesbücher des *Alten Testaments*); III, 27–59 (Leben Jesu).

53 *Contra impug.* 3 (n. 121).

54 *Processus inquisitionis*, cap. 7, 66; *Acta Sanctorum Martii*, Venedig 1735, Tom. I, S. 707f.

55 Vgl. G. Schnürer, *Kirche und Kultur im Mittelalter*, Bd. II, S. 434.

56 Ebd.

57 II, II, 11, 3.

58 Ebd.

59 Opusc. theol. I, *De secreto* 3.

60 Ebd.

61 *Mittelalterliches Geistesleben*, Bd. II, S. 67.

62 Vgl. E. Gilson, *History*, S. 244.

63 *Mittelalterliches Geistesleben*, Bd. II, S. 71.

64 Ebd.

65 Zur Aristoteles-Rezeption vgl. auch J. Pieper, *Scholastik*, München 1960, S. 137ff.

66 M. Grabmann, *Mittelalterliches Geistesleben*, Bd. I, S. 259. – Vgl. auch C. Baeumker, Petrus von Hibernia, der Jugendlehrer des Thomas von Aquino; in: Sitzungsberichte der Bayer. Akademie der Wissenschaften (Philosoph. Klasse), München 1920.

67 M. Grabmann, *Mittelalterliches Geistesleben*, Bd. I, S. 261.

68 Gemeint ist das Lehrbuch von Joseph Gredt; die erste Auflage der lateinischen Ausgabe erschien 1899/1901, die deutsche Ausgabe 1935 (beide Freiburg i. Br.).

69 H. Meyer, *Thomas von Aquin*, Bonn 1938, S. 32.

70 M.-D. Chenu, L'équilibre de la scolastique médiévale; in: Revue des sciences philosophiques et théologiques, Bd. 29 (1940), S. 312.

71 *In Met.* 3, 11 (n. 471).

72 *De An.* 1, 8 (n. 107). Ähnlich *De caelo* 1, 22; 3, 6.

73 E. Gilson, Le christianisme et la tradition philosophique; in: Revue des sciences philosophiques et théologiques 30 (1941/42), S. 254.

74 Ebd.

75 Ebd., S. 249ff.

76 „A sensibilibus recedere nolens" (*Sub. sep.* 3 (n. 18)); – „quae sunt manifesta secundum sensum" (*Sub. sep.* 2 (n. 11)); „Proprium eius philosophiae fuit, a manifestis non discedere" (*Spir. creat.* 5).

77 Brief an Schiller vom 28. 4. 1797.

78 *Idea of a University*, London 1921, V, 5, S. 109f.

79 W. v. Hertz, *Gesammelte Aufsätze* (Hrsg. Fr. v. d. Leyen), Stuttgart 1905, S. 161.

80 M. Grabmann, *Mittelalterliches Geistesleben*, Bd. II, S. 68.

81 Ebd., II, S. 84.

82 H. Naumann, *Der staufische Ritter*, Leipzig 1936, S. 56.

83 Ebd., S. 92.

84 M.-D. Chenu, *Introduction*, S. 29.

85 Zit. bei Chenu, ebd.

86 *C. G.* 2, 4 (1).

87 E. Gilson, *La philosophie au moyen-âge*, Paris 1947, S. 343.

88 *C. G.* 2, 4 (1).

89 *C. G.* 2, 3; ähnlich *C. G.* 2, 2, am Schluß.

90 Vgl. M.-D. Chenu, *Introduction*, S. 36.

91 Ebd., S. 6.

92 Ebd., S. 108, 113.

93 *In Phys.* 8, 2.

94 I, 1, 8 ad 2.

95 *Quodl.* 3, 31 ad 1.

96 I, 1, 8 ad 2.

97 Vgl. hierzu J. Pieper, *Über den Begriff der Tradition*, Köln/Opladen 1958, S. 24ff.

98 *In Trin.* 2, 3 ad 8.

99 M.-D. Chenu, *Introduction*, S. 177.

100 *De caelo* 1, 22.

101 Ebd.

102 *In Hexaemëron* I, 3, 1, 5 (Quaracchi 1934), S. 92.
103 *Resp. ad Mag. Joh.*, 42.
104 *De anima intellectiva*, cap. 6.
105 E. Gilson, *Der Geist der mittelalterlichen Philosophie*, Wien 1950, S. 460.
106 *Quodl.* 4, 18.
107 *Spir. creat.* 10, obj. 8 ad 8.
108 So Pico della Mirandola; vgl. M. Grabmann, *Mittelalterliches Geistesleben*, Bd. II, S. 85. Ähnlich Erasmus von Rotterdam (zitiert bei M.-D. Chenu, *Introduction*, S. 43).
109 E. Gilson, *Geist der mittelalterlichen Philosophie*, S. 459.
110 Vgl. I. T. Eschmann, A catalogue of St. Thomas' works; in: E. Gilson, *Christian philosophy*, S. 407.
111 *De caelo* 2, 17 (n. 451).
112 In der lateinischen Übersetzung der Aristotelischen *Metaphysik*, die Thomas vorgelegen hat, heißt es zum Beispiel einmal: „hoc manifestum est", wo der griechische Text im Gegenteil sagt, es sei *nicht* offenbar (ἄδηλόν ἐστιν; *Met.* 7, 3; 1029 a). Dennoch interpretiert Thomas so, als stünde auch im lateinischen Text: hoc *non* manifestum est (*In Met.* 7, 2 [n. 1280]). Andere Beispiele dieser Art bei M.-D. Chenu, *Introduction*, S. 187, Anm. 3.
113 I, 1, 6 ad 3; II, II, 45, 2.
114 Zu Beginn seiner Erläuterungen zur Aristotelischen *Physik*; *Opera Omnia* (Ed. A. Borgnet), Paris 1890, Tom. 3, 1f.
115 M.-D. Chenu, *Introduction*, S. 18.
116 Vgl. F. X. Seppelt, *Kampf der Bettelorden*, Bd. I, S. 208.
117 M.-D. Chenu, *Introduction*, S. 18f.
118 Ebd., S. 17.
119 Ebd., S. 15.
120 Ebd., S. 16.
121 H. Chr. Scheeben, *Dominikus*, S. 151.
122 F. v. Steenberghen, *Le XIIIe siècle*, S. 325.
123 *Die Entstehung der Universitäten des Mittelalters*, Berlin 1885, S. 46.
124 In diesem Punkte vermag ich Herbert Grundmann (Vom Ursprung der Universität im Mittelalter; in: Berichte über die Verhandlungen der Sächsischen Akademie der Wissenschaften zu Leipzig [Philosophisch-historische Klasse], Bd. 103, Berlin 1957, S. 62f.) nicht zuzustimmen.

125 M.-D. Chenu, *Introduction*, S. 22.

126 Näheres bei F. X. Seppelt, *Kampf der Bettelorden*, und bei M. Bierbaum, *Bettelorden und Weltgeistlichkeit an der Universität Paris*, Münster 1920.

127 Vgl. F. X. Seppelt, *Kampf der Bettelorden*, Einleitung.

128 *Contra impug.* (n. 407).

129 Ebd. (n. 418).

130 *Determinationes quaestionum* 1, 27; *Opera omnia* 8, 355 (zit. bei M. Bierbaum, *Bettelorden*, S. 244).

131 F. X. Seppelt, *Kampf der Bettelorden*, Bd. II, S. 82.

132 H. Chr. Scheeben, *Dominikus*, S. 269.

133 Ebd., S. 288.

134 F. X. Seppelt, *Kampf der Bettelorden*, Bd. II, 82.

135 M. Bierbaum, *Bettelorden*, S. 245.

136 F. X. Seppelt, *Kampf der Bettelorden*, Bd. I, S. 209.

137 F. v. Steenberghen, *Le XIIIe siècle*, S. 289; 291.

138 F. X. Seppelt, *Kampf der Bettelorden*, Bd. I, S. 216.

139 Ebd., Bd. II, S. 88ff.

140 Der lateinische Text findet sich vollständig in M. Bierbaum, *Bettelorden*.

141 H. Grundmann, *Religiöse Bewegungen im Mittelalter*, Berlin 1935, S. 156.

142 *Quodl.* 5, 26.

143 *Contra retrah.* 14 (n. 833 [5]).

144 Ebd., 16 (n. 854).

145 *Contra retrah.* 16 (n. 856).

146 Ebd., Schlußsätze.

147 *Un. int.*, Schluß.

148 *Contra impug.* (n. 269 [2]).

149 Ebd. (n. 260 [3]).

150 Ebd. (n. 260 [6]).

151 Ebd. (n. 260 [11]).

152 Dies ist zum Beispiel in der noch immer als Standardwerk geltenden *Geschichte der Logik im Abendlande* von Carl Prantl geschehen. Näheres darüber in J. Pieper, *Wahrheit der Dinge*, München [3]1957, S. 35f.; 122f.

153 *Siebenter Brief* 341 c.

154 *Sophistes* 263 e.

155 *Metaphysik* III, 1; 995 a.

156 *Topik* VIII, 11; 161 a.

157 M. Grabmann, *Die Geschichte der scholastischen Methode,* Freiburg i. Br. 1909/11, Bd. II, S. 18.

158 *Metalogicus* 3, 10.

159 Zitiert bei M. Grabmann, *Scholastische Methode,* Bd. II, S. 20.

160 Ebd., Bd. II, S. 120ff.

161 *Philosophie der Weltgeschichte,* Leipzig 1923, Bd. IV, S. 859.

162 Platon, *Gorgias* 449.

163 Thomas von Aquin, S. 41; *Einführung in die Summa theologiae des hl. Thomas von Aquin,* Freiburg i. Br. 1919, S. 53ff.

164 I, II, 24, 3.

165 Vgl. auch *Ver.* 26, 7 ad 1.

166 E. Gilson, *History,* S. 325.

167 M.-D. Chenu, *Introduction,* S. 241.

168 Ebd., S. 245; P. Mandonnet, St. Thomas, créateur de la dispute quodlibétique; in: Revue des sciences philosophiques et théologiques 15–16 (1926/27).

169 M.-D. Chenu, *Introduction,* S. 291.

170 Platon, *Phaidon* 91; 95.

171 Zitiert bei M.-D. Chenu, *Introduction,* S. 164.

172 *C. G.* 1, 2.

173 *In Met.* 12, 9 (n. 2566).

174 Augustinus, *Contra epistolam Manichaei quam vocant fundamenti* 2.

175 J. H. Newman, *Philosophie des Glaubens* (dt. von Theodor Haecker), München 1921, S. 134.

176 Wilhelm von Tocco, *Vita,* 5, 27. – Für den Stil der Polemik des heiligen Thomas vgl. P. Glorieux, Un maître polémiste: Thomas d'Aquin; in: Mélanges de science religieuse 5 (1948).

177 *C. G.* 3, 48.

178 *Perf. vit. spir.* 26 (n. 734).

179 *Blätter und Steine,* Hamburg 1934, S. 226.

180 Vorrede zur zweiten Auflage von 1787 (Ausgabe der Philosoph. Bibliothek, hrsg. v. R. Schmidt), Leipzig 1930, S. 36.

181 M. Grabmann, *Scholastische Methode,* Bd. II, S. 349ff.

182 M.-D. Chenu, *Introduction,* S. 175.

183 *Contra err. Graec., procemium* (n. 1030).

184 Vgl. Fr. X. Seppelt, *Geschichte der Päpste,* München [2]1954ff., Bd. III, S. 523ff.

185 III, 79, 5. – Vgl. hierzu auch J. Pieper, Randbemerkungen zum Herrenmahl-Traktat der *Summa theologica;* in: *Weistum, Dichtung, Sakrament,* München 1954, S. 286ff.

186 *C. G.* 1, 2.

187 Wilhelm von Tocco, *Vita,* 8, 48.

188 Vgl. hierzu J. Pieper, Thomas von Aquin als Lehrer; in: *Weistum, Dichtung, Sakrament,* S. 138ff. – Die folgenden Seiten enthalten einen zum Teil wörtlich übernommenen Auszug aus dieser Abhandlung.

189 Grabmann hat seine schon angeführte *Einführung in die Summa theologiae* als Erläuterung zu dieser Vorrede aufgebaut.

190 Wilhelm von Tocco, *Vita,* 3, 15.

191 Erich Przywara hat einen höchst beachtenswerten Aufsatz (Stimmen der Zeit 1925) überschrieben: „Thomas als Problematiker". In der später erschienenen Aufsatzsammlung *Ringen der Gegenwart* (Augsburg 1929) ist dieser offenbar ein wenig anstößige Titel in einen neutraleren abgeändert worden (*Thomas von Aquin*).

192 M.-D. Chenu, *Introduction,* S. 81.

193 *Quodl.* 6, 19.

194 Ebd., 3, 27.

195 Ebd., 8, 13; 9, 15.

196 Ebd., 11, 12.

197 Ebd., 12, 14 (1); das *sed contra* weist auf die *Vulgata* (III *Esdrae,* IV, 35).

198 M.-D. Chenu, *Introduction,* S. 254.

199 *C. G.* 1, 2.

200 Vgl. M.-D. Chenu, *Introduction,* S. 273.

201 1 d. 14, 2, 2; vgl. auch 1 d. 2, *divisio textus.*

202 M.-D. Chenu, *Introduction,* S. 88.

203 G. W. F. Hegel, *Vorlesungen über die Geschichte der Philosophie* (Jubiläumsausgabe, hrsg. v. H. Glockner), Stuttgart 1928, Bd. 19, S. 99.

204 L. Traube, *Einleitung in die lateinische Philologie des Mittelalters,* München 1911, S. 44.

205 K. Vossler, *Geist und Kultur in der Sprache,* Heidelberg 1925, S. 57.

206 P. Lehmann, *Erforschung des Mittelalters,* Leipzig 1941, S. 64.

207 L. Bieler, Das Mittellatein als Sprachproblem; in: *Lexis* (Heidegger-Festschrift), 2. Bd., 1949, S. 104.

208 Ebd.

209 R. Meister, Mittellatein als Traditionssprache; in: *Liber Floridus* (P. Lehmann-Festschrift), St. Ottilien 1950.

210 Chr. Mohrmann, Le dualisme de la Latinité médiévale; in: Revue des Etudes Latines 29 (1951). – Vgl. auch M. Hubert, Quelques aspects du Latin philosophique aux XIIe et XIIIe siècles; in: Revue des Etudes Latines 27 (1949).

211 Ebd., S. 338–341.

212 Ebd., S. 338.

213 Ebd., S. 339.

214 Ebd., S. 348.

215 M.-D. Chenu, *Introduction*, S. 90.

216 Ebd., S. 97.

217 Zitiert ebd., S. 98.

218 Seneca, *Briefe an Lucilius*, 117, 5.

219 M.-D. Chenu, *Introduction*, S. 97.

220 Augustinus, *Bekenntnisse*, 10, 27.

221 *C. G.* 2, 3.

222 III, 64, 5 ad 2.

223 F. A. Blanche, Sur la langue technique de Saint Thomas d'Aquin; in: Revue de Philosophie 30 (1930).

224 Ebd., S. 13f.

225 Ebd., S. 15f.

226 Ebd., S. 16f.

227 Ebd., S. 15.

228 A. Hufnagel, *Studien zur Entwicklung des thomistischen Erkenntnisbegriffes im Anschluß an das Correctorium „Quare"*, Münster 1935, S. 105.

229 M.-D. Chenu, *Introduction*, S. 102.

230 *Topik* II, 2; 110 a; von Thomas zitiert z. B. im Anfangskapitel der *Summe wider die Heiden*.

231 F. A. Blanche, *Langue technique*, S. 25.

232 *Ver.* 4, 2.

233 Thomas sagt es viele Male: „Eines ist die Etymologie eines Wortes, etwas anderes ist seine Bedeutung" (II, II, 92, 1 ad 2); die etymologische

Ableitung hat für die Ermittlung der wahren Bedeutung „nicht viel Gewicht" (II, II, 1, 6 ad 3). Vgl. ferner: I, 13, 2 ad 2 und *Pot.* 9, 3 ad 1.

234 I, 4, 3 ad 4.

235 Goethe in einem Brief an Schiller vom 9. 7. 1796.

236 *In Hexaëmeron* 22, 21 (*Opera omnia* 5, 440).

237 *Virt. card.* 1 ad 10.

238 Vgl. A. Dempf, *Sacrum Imperium*, München 1929, S. 303.

239 *Contra impug.* (n. 531).

240 *In Job* 13, 2.

241 Vgl. J. Pieper, *Scholastik*, S. 48ff.

242 Ebd., S. 81–89.

243 *In Joh.* 1, 5.

244 *Pot.* 5, 10 ad 5.

245 II, II, 142, 1; 152, 2 ad 2; 153, 3 ad 3.

246 I, II, 23, 1 ad 1; 23, 3; I, 81, 2.

247 II, II, 153, 2; *Mal.* 15, 2.

248 I, 98, 2.

249 „Ist dein Auge einfältig [*simplex*], dann ist dein ganzer Leib im Licht" (*Mt* 6, 22).

250 *C. G.* 4, 58; ähnlich III, 65.

251 Vgl. B. Altaner, *Patrologie*, Freiburg i. Br. 1955, S. 419.

252 F. v. Steenberghen, *Le XIIIe siècle*, S. 275.

253 Ebd., S. 266, 272.

254 Van Steenberghen hat (ebd., S. 278ff.) mit guten Gründen gezeigt, daß diese Bezeichnung unzutreffend sei. Man könne, so sagt er, die Philosophie des Siger von Brabant ebensogut plotinisch wie avicennistisch wie thomistisch wie averroistisch nennen; einen „lateinischen Averroismus" habe es nur in der Phantasie von Ernest Renan gegeben (S. 280).

255 E. Gilson, *History*, S. 408.

256 Ebd., S. 400.

257 A. G. Little, *The Platonic heritage of Thomism*, Dublin 1949, S. 12.

258 Vgl. E. Gilson, *History*, S. 382.

259 C. G. 3, 69.

260 G. M. Manser, *Das Wesen des Thomismus*, Freiburg / Schweiz [3]1949, S. 213.

261 *In Joh.* 1, 17.

262 *C. G.* 4, 56.

263 Vgl. hierzu J. Pieper, Was heißt „Christliches Abendland"?; in: *Tradition als Herausforderung. Aufsätze und Reden*, München 1963, S. 36–47.

264 *Christian Philosophy*, S. 83.

265 *In Met.* 9, 5 (n. 1826).

266 *C. G.* 1, 22.

267 E. Gilson, *History*, S. 365.

268 *Metaphysik* IX, 5; 1048 a.

269 E. Gilson, Maimonide et la philosophie de l'Exode; in: Mediaeval Studies 13 (1951).

270 J. Maritain, L'humanisme de St. Thomas d'Aquin; in: Mediaeval Studies 3 (1941).

271 E. Gilson, *Christian Philosophy*, S. 368. – Vgl. auch zu diesem Thema B. Pruche, Le thomisme, peut-il se presenter comme „Philosophie existentielle"?; in: Revue Philosophique de Louvain 48 (1950).

272 E. Gilson, *Christian Philosophy*, S. 48ff.

273 Augustinus, *Tractatus in Johannis Evangelium* 28, 8, 8–10; Migne, PL 35, 1678f.

274 *De trinitate* 7, 5, 10; Migne, PL 42, 942.

275 E. Gilson, *Christian Philosophy*, S. 93.

276 I, 8, 1.

277 E. Gilson, *Christian Philosophy*, S. 133.

278 „Essentia dicitur secundum quod per eam et in ea ens habet esse" (*De ente*, cap. 1, 3).

279 *Comp. theol.* 1, 68 (n. 119).

280 I, 8, 1.

281 Ebd.

282 *C. G.* 2, 22.

283 E. Gilson, *Christian Philosophy*, S. 374.

284 *In Hebd.* 3 (n. 50).

285 E. Gilson, *Christian Philosophy*, S. 101.

286 Ebd., S. 8.

287 Vgl. J. de Guibert, *Les doublets de St. Thomas d'Aquin. Leur étude méthodique*, Paris 1926.

288 1 *Sent.*, prolog. 1, 1 ad 1; 2 *Sent.*, prolog.

289 *C. G.* 2, 4.

290 I, 1, 1 ad 2.

291 Ebd.

292 I, 1, 3.

293 *Philebos* 16 c.

294 *Gorgias* 523 a; 527 a.

295 II, II, 2, 7 ad 3; 3, d. 25, 2, 2, 2 ad 3; *Ver.* 14, 11 ad 5.

296 Vgl. hierzu J. Pieper, *Überlieferung. Begriff und Anspruch,* München 1970, S. 82f.

297 „Philosophi […] creaturas considerant, secundum quod in propria natura consistunt" (2 d., prolog.). – „Philosophia determinat de existentibus secundum rationes a creaturis sumptas" (1 d., prolog. 1, 1 ad 1). – „creaturas secundum se considerat" (*C. G.* 2, 4).

298 *C. G.* 1, 4.

299 *Timaios* 29–30.

300 *Nomoi* 715 e.

301 *Philebos* 30 d.

302 *Phaidon* 63 c.

303 *Menon* 81f.

304 *C. G.* 2, 4.

305 *Ver.* 14, 9 ad 8.

306 *Contra impug.* 3, 5 (n. 411).

307 *C. G.* 2, 3.

308 *Briefwechsel mit dem Grafen Yorck von Wartenburg,* Halle 1923, S. 39.

309 E. Gilson, *Christian Philosophy,* S. 94.

310 Ebd., S. 443.

311 M. Grabmann, *Theologische Erkenntnis- und Einleitungslehre des heiligen Thomas von Aquin,* Freiburg / Schweiz 1948, S. 183.

312 *Met.* I, 2; 982 a 18.

313 *In Met.* 1, 2 (n. 42).

314 I, 1, 5 sed contra.

315 Bonaventura will, wie M. Grabmann sagt (*Theologische Erkenntnislehre,* S. 183), „die Kenntnisse natürlicher Art samt und sonders in den Dienst der Theologie […] gestellt wissen". (Vgl. auch J. Ratzinger, *Die Geschichtstheologie des hl. Bonaventura,* München 1959, S. 153, 159f.).

316 Vgl. *C. G.* 2, 4.

317 *Contra impug.* 3, 4 (n. 400).

318 Ebd., 3, 4 (n. 399).

319 Vgl. Erstes Vatikanisches Konzil, *Constitutio de fide catholica,* cap. 4 (Denzinger, Nr. 1796). Ferner M. J. Scheeben, *Die Mysterien des Christentums* (Hrsg. J. Höfer), Freiburg i. Br. 1941, S. 8f.

320 Weisheit im Gegensatz zu Glauben und Bigotterie (*Oxford University Sermons* 4; 1. Juni 1841); in: J. H. Newman, *Zur Philosophie und Theologie des Glaubens,* I. Teil, Mainz 1936, S. 202, 222.

321 F. v. Hügel, *Andacht zur Wirklichkeit. Schriften in Auswahl* (Hrsg. M. Schlüter-Hermkes), München 1952, S. 223, 225.

322 [...] *utitur* (1 d., prolog. 1, 1). – [...] *supponit* (*In Trin.* 2, 3).

323 *Phänomenologie des Geistes* (Hrsg. J. Hoffmeister), Vorrede, Hamburg 1952, S. 12.

324 M.-D. Chenu, *Introduction,* S. 158.

325 Aymé Forest in seiner Rezension des Buches von L. B. Geiger, *La participation dans la philosophie de St. Thomas d'Aquin* (Revue des sciences philosophiques et théologiques 30 [1941/42], S. 471).

326 I, 3, Prolog.

327 *Pot.* 7, 5 ad 14.

328 *In Hebd.* 2 (n. 23).

329 *Ver.* 10, 1.

330 Vgl. J. Pieper, Das negative Element in der Philosophie des heiligen Thomas von Aquin; in: *Unaustrinkbares Licht,* München 1963.

Abkürzungsschlüssel

Die Zitate aus der *Summa theologica* des heiligen Thomas von Aquin sind in den Nachweisen nur durch Ziffern gekennzeichnet [Beispiel: „II, II, 150, I ad 2" besagt: „II. Teil des II. Hauptteils, quaestio 150, articulus I, Antwort auf den zweiten Einwand"]. Das gleiche gilt für die Zitate aus dem *Kommentar zum Sentenzenbuch des Petrus Lombardus* [Beispiel: „2 d. 24,3,5" bedeutet: „2. Buch, distinctio 24, quaestio 3, articulus 5"]. Die Titel der übrigen im Text zitierten Werke des heiligen Thomas sind folgendermaßen abgekürzt:

C. G. = Summa contra gentes

Comp. theol. = Compendium theologiae

De ente = De ente et essentia

Quaestiones disputatae

Ver. = De veritate
Pot. = De potentia
Spir. creat. = De spiritualibus creaturis
Mal. = De malo
Car. = De caritate
Virt. card. = De virtutibus cardinalibus
Corr. frat. = De correctione fraterna
Quodl. = Quaestiones quodlibetales
Perf. vit. spir. = De perfectione vitae spiritualis
Reg. princ. = De regimine principum

Opuscula philosophica

Sub. sep.	= De substantiis separatis
Un. int.	= De unitate intellectus contra Averroistas
Contra err. Graec.	= Contra errores Graecorum

Opuscula theologica

Contra impug.	= Contra impugnantes Dei cultum et religionem
Contra retr.	= Contra doctrinam retrahentium homines a religione
Resp. ad fr. Joh.	= Responsio ad fratrem Johannem de articulis XLII

In Trin.	= Kommentar zu Boethius, Über die Dreieinigkeit
In Hebd.	= Kommentar zu Boethius, Über die Axiome
In Met.	= Kommentar zu Aristoteles, Metaphysik
In Phys.	= Kommentar zu Aristoteles, Physik
De An.	= Kommentar zu Aristoteles, Über die Seele
De caelo	= Kommentar zu Aristoteles, Über den Himmel
De causis	= Kommentar zum Liber de causis
Symb. Apost.	= Erläuterung zum Apostolischen Glaubensbekenntnis
In Job.	= Kommentar zum Buch Hiob
In Joh.	= Kommentar zum Johannes-Evangelium
In Kol.	= Kommentar zum Kolosserbrief
In 1 (2) Tim.	= Kommentar zum I. (II.) Timotheusbrief